Emprendeser. Herramientas para reconocer y desarrollar a tu ser emprendedor

Editado por: Vigimaris Nadal-Ramos

Corrección de copia: Mariangely Núñez Fidalgo

Diseño y montaje: Mara Robledo Arcos

Fotografía de cubierta: Esteban Robledo Arcos

Fotografía de la autora: Alex David Morales

Consultoría editorial: Ángel Carrión Tavárez, Gizelle Borrero

EmprendeSer * es una marca registrada

www.anitapaniagua.com

EmprendeSer

Herramientas para reconocer
y desarrollar a tu ser emprendedor

¡Gracias a la Luz del Creador!

A mis tesoros: Anamar e Ilban.

A mi amado: Raúl.

A mi hermosa madre: Lulú.

A la memoria de mis amados
abuelitos Tita y Carmelo.

A Mara, Mariangely, Vigimaris
y Joachim.

A mis estudiantes y a ustedes.

Tabla de contenido

Prólogo

Conocí a Anita Paniagua cuando dicté unas cuantas charlas de motivación y ventas para Radio Oso (WOSO) donde tengo una cápsula motivacional todos los días.

Cuando Anita me pidió que escribiera el prólogo de su libro, consideré que era un honor que me hubiera escogido ante tantos posibles candidatos y acepté porque se trataba de alguien que trabajaba para una empresa que yo consultaba.

Confieso que, aunque consideraba que Anita era una persona inteligente y bien preparada con un historial de éxito, no pensaba que el libro que iba a escribir, titulado *EmprendeSer: Herramientas para reconocer y desarrollar a tu ser emprendedor* fuera una maravilla de libro y, lo que es más, un manual práctico para ser exitoso en el mundo de los negocios.

Aquellos de ustedes que lean este libro, se van a ahorrar al menos 5 años de investigación y conocimientos necesarios para triunfar en los negocios y miles y miles de dólares que pudieran perder si no conocen lo que ella les va a enseñar.

Es un libro bien escrito, bien investigado, bien planeado y, sobre todo, con el claro objetivo de hacerle el camino más fácil a miles de emprendedores que han pensado en abrir un negocio y no se han decidido, o a miles de empresarios que ya tienen el negocio abierto pero que no les va tan bien como podría irles.

Es un libro práctico, inspirador, sumamente profundo y con herramientas que pueden ser utilizadas inmediatamente.

Está lleno de anécdotas extremadamente interesantes sobre personas exitosas en los Estados Unidos y en Puerto Rico, cosa que no se encuentra en muchos libros escritos por escritores del patio.

Una de las anécdotas que más me impresionó —y que no puedo divulgar aquí porque es tan interesante que el lector debe de disfrutarla cuando la lea— tiene que ver con el comienzo de su carrera universitaria y cómo tomó una decisión inmediata después de escuchar al orientador de la escuela de Humanidades en su primer día en la universidad. Demuestra que la vida le puede cambiar a un ser humano con tan solo escuchar una sola frase.

Anita divide el libro en cuatro partes, donde va desarrollando el tema paso a paso, en forma clara y precisa.

La Fase 1 es preparando el camino, rompiendo mitos que impiden que muchas personas abran un negocio, y que son en realidad solo eso: mitos.

La Fase 2 tiene que ver con el autoconocimiento, entenderse a uno mismo y saber lo que requiere el poder emprender un negocio.

La Fase 3 trata sobre ideas y cómo encontrarlas. Ofrece ejemplos maravillosos de empresarios que han desarrollado una idea y la han convertido en un negocio exitoso.

Tiene hasta una sección sobre cómo incrementar tu creatividad, la innovación y el desarrollar buenas ideas. ¿Y saben qué? ¡¡¡¡Ofrece tremendos consejos!!!!

La Fase 4, no faltaba más, es sobre los números, los benditos números que todo empresario tiene que entender y entender bien para poder ser exitoso, y asocia este tema en forma muy creativa a la energía, idea que a mí nunca me había pasado por la mente.

Cubre ideas aplicadas a diferentes industrias, consejos para ahorrar dinero y minimizar riesgos y, como si todo esto fuera poco, ha incluido en este maravilloso libro, un plan de mercadeo con 5 simples pasos que son claros, concisos y necesarios.

Además, se mete de lleno en cómo hacer el dichoso plan de negocios que todos le sacan el cuerpo y que ella lo desmenuza de una forma tan clara, que hasta un tarado lo puede llevar a cabo.

No puedo dejar de mencionar el final del libro. Las personas exitosas hacen cosas que las personas que no son exitosas no están dispuestas a hacer. Esto dicho en otras palabras significa caminar la milla extra. Anita ha caminado la milla extra al incluir una guía de viabilidad. Solo con esta valiosa inclusión ya se cubre el costo del libro. Sin embargo, además proporciona una guía básica para redactar un buen plan de negocios y, para cerrar con broche de oro, no se le olvidó confeccionar un glosario para que todos los términos que ella utiliza en el libro sean claramente definidos de manera que no haya duda sobre lo que significan.

Este libro es una joya y una verdadera guía de cómo abrir y mantener un negocio. Si usted decide adquirirlo, si usted, en este mismo mo-mento, está leyendo este prólogo, le puedo recomendar, sin que me quede nada por dentro, que este libro puede significar para usted la diferencia entre el éxito y el fracaso.

Muchas felicidades, Anita, por un trabajo del que de verdad te sentirás orgullosa el resto de tu vida.

Dr. Joachim de Posada
Autor del *best seller, No te comas el marshmallow… ¡todavía!*

Prefacio

Cuando decidí escribir este libro de una cosa estaba muy clara: no sería un libro de texto con énfasis en lo teórico; tampoco quería que fuera un libro de Administración de Empresas. Deseaba hacer un libro lo suficientemente sencillo y práctico para que cualquier persona pudiera entenderlo y aplicar su contenido. A la vez, quería que fuera lo suficientemente profundo para que lograra inspirar al lector a tomar acción y le ofreciera herramientas útiles y realistas para lanzarse y emprender su negocio o cualquier otro proyecto que ansiara materializar en su vida. El mayor reto fue

Ser emprendedor es una forma de pensar y actuar que trasciende el montaje de un negocio.

tratar de simplificarlo sin que se convirtiera en un texto simplista. Mi objetivo fue ofrecer de una manera "digerible" todos aquellos conceptos técnicos que, en mi opinión, podrían asustar hasta al más motivado emprendedor potencial.

Al momento de llevar mi experiencia a las páginas de este libro, la lucha fue conmigo misma. Me preguntaba si mi enfoque sería lo suficientemente efectivo. Me cuestionaba qué podría enseñarles que cualquier otro libro de "cómo montar tu negocio" no pudiera ofrecer. Y luego de mucho "darme en la cabeza contra la verja", como suele decir mi marido cuando le sigue dando vueltas a un asunto en la mente, me di cuenta de que estaba cometiendo el mismo error que cometen los libros tradicionales que les acabo de mencionar: darle más importancia a la planificación que a lanzarme y emprender el libro. "Después de todo —me dije para convencerme— a lo largo de mi carrera de más de 15 años como consultora y profesora empresarial, he aplicado y ofrecido estas herramientas a mis estudiantes y clientes y he visto resultados muy satisfactorios".

Una de las lecciones más importantes que he aprendido es que ser emprendedor es una forma de pensar y actuar que trasciende el montaje de un negocio. Muchos negocios fracasan aun cuando existen recursos gratuitos para ayudar a las personas a iniciar y administrar sus empresas. A pesar de estos esfuerzos, las estadísticas demuestran que una gran cantidad de negocios cierran sus puertas antes de completar sus primeros cinco años de operación comercial. ¿Un cierre de negocio es necesariamente sinónimo de fracaso? Muchos de estos cierres se deben a que sus dueños desean retirarse, venden sus operaciones para obtener otros negocios o catástrofes naturales entre otras razones. ¿Es un cierre de negocio el fin de la carrera empresarial de una persona? La *Small Business Administration* (SBA, por sus siglas en inglés y en español Agencia Federal para el Desarrollo de la Pequeña Empresa de los Estados Unidos) indica que un 75% de los negocios que cierran por desastres naturales logran reabrir sus negocios nuevamente. Conozco muchas historias de emprendedores exitosos que han utilizado el fracaso como catalítico para crecer, aprender y transformarse. ¿Cuáles son los factores que hacen que una persona logre emprender y vivir sus sueños independientemente de las circunstancias? El secreto que he descubierto es que son personas que han logrado reconocer y desarrollar a su ser emprendedor. De igual manera en que una semilla contiene dentro de sí toda la información para desarrollarse y convertirse en una planta madura florecida, cada uno de nosotros también guardamos en lo profundo de nuestro ser el potencial para emprender. Es mi intención mostrarte en el contenido de estas páginas el proceso para lograrlo. A este proceso lo he bautizado como:

Utiliza el fracaso como catalítico para crecer, aprender y transformarte.

EmprendeSer

EmprendeSer es una palabra compuesta de las palabras emprender (comenzar una obra, negocio, aventura; lanzarse) y ser (vida, existencia, cualquier cosa creada, consistir, ser la causa de lo que se expresa). *EmprendeSer* es una nueva conciencia de despertar ese emprendedor que está dentro de cada ser como la germinación de una nueva semilla. Significa: primero, reconocer al emprendedor que está en ti, para entonces, ser la causa para desarrollar de manera activa ese potencial interior al beneficio de la humanidad.

Del mismo modo que la semilla atraviesa por una serie de fases para germinar, he dividido este libro en 4 fases principales hacia el proceso de *EmprendeSer*. Al final de cada una de las fases, encontrarás ejercicios de reflexión y práctica que te ayudarán a comprender y vivir los conceptos con el propósito de que abras tu conciencia hacia una nueva mentalidad empresarial. Te recomiendo que leas el libro en el mismo orden que está escrito, sin saltar fases, luego puedes regresar a los ejercicios de práctica cuantas veces sea necesario. Imagina que, así como la planta abre sus hojas poco a poco hasta que el capullo se convierte en flor, tu mente se abrirá hacia tu nuevo destino. No estarás solo(a) en el proceso porque mis experiencias y la de otros emprendedores que hemos pasado por el proceso estaremos acompañándote por el camino. Adéntrate en la lectura y disfrútate el proceso.

> *EmprendeSer es una nueva conciencia de despertar ese emprendedor que está dentro de cada ser como la germinación de una nueva semilla.*

¡Mucha Luz!
Anita Paniagua

FASE 1

Prepara el terreno

EmprendeSer
y otros conceptos

Me atrevo a decir que todos, o casi todos, en alguna que otra ocasión hemos soñado con emprender ya sea un negocio u otro proyecto de vida; unos porque deseamos ganar más dinero, otros porque queremos controlar nuestro tiempo o añoramos trabajar sin jefe.

Sea cual sea la motivación, he aprendido que lo único que necesitamos para lograr emprender es el deseo de lanzarnos y actuar. Me imagino que en este momento estarás pensando que me he vuelto loca; pero, ¿Y el dinero? ¿Y el grado académico? ¿Y la contabilidad? ¿Y el mercadeo? ¿Y el plan de negocio? Y la pregunta que más me gusta: ¿Y la suerte? Al fin y al cabo, muchos dicen que "el emprendedor nace, no se hace". Y ciertamente es así, pues como afirma John Maxwell —uno de mis autores favoritos—, en su famoso libro *Desarrolle el líder que está en usted*, "el empresario nace, después de todo, nunca he conocido a ninguno que no haya nacido primero".

Lo único que necesitamos para lograr emprender es el deseo de lanzarnos y actuar.

Ahora bien, ¿cómo lanzarnos y cuándo? No tenemos que ser expertos en física para intuir que, si nos lanzamos de la cima de una montaña, el resultado dependerá del terreno en el que aterricemos; no es lo mismo caer en un pedregal que en una malla de seguridad. También el resultado dependerá de cuán profundo o distante se encuentre la cima del fondo. Siempre digo en mis cursos que montar un negocio es muy sencillo, hace falta iniciativa y una persona que crea en nosotros y nos ayude a financiar la idea; después de eso, ya estaremos listos para el corte de cinta. ¿Muy simple no? Lo que suceda de ese momento en adelante solo el Universo lo sabe; eso sí, de algo estoy convencida: nunca lo sabremos hasta que nos lancemos. Está en nosotros lograr que el aterrizaje sea lo más seguro posible. La decisión de lanzarnos es solo nuestra. El cómo y el cuándo van a depender de nuestro nivel de tolerancia al riesgo, del compromiso con nuestro sueño o propósito y las metas u objetivos que tengamos con nosotros mismos. ¿Listo para el lanzamiento de tu vida? Ajústate el paracaídas; comenzaré por lo básico.

¿Qué es un emprendedor?

Acostumbro preguntar a mis estudiantes:

—¿Qué significa para ustedes ser un emprendedor? —y les pido que me indiquen un ejemplo de un emprendedor exitoso. De más está decir que Bill Gates y Donald Trump casi siempre encabezan la lista; por supuesto que no puede faltar uno que otro emprendedor de Puerto Rico en el repertorio, entre ellos, Richard Carrión, presidente del Banco Popular de Puerto Rico, y Carla Haeussler, propietaria de la exitosa exportadora de dulces *Carla's Sweets*. Luego les hago la gran pregunta:

—¿Qué hace que estas personalidades sean emprendedores exitosos?

—Que tienen mucho dinero —a coro todos me contestan. Entonces les pregunto:

—De acuerdo con lo que me han dicho, ¿podemos concluir que un emprendedor exitoso es una persona que tiene mucho dinero? —Ahí las opiniones comienzan a fluir.

—No, Anita, es porque son personas atrevidas, tenaces, ambiciosas, que no le temen a nada y todos son dueños de sus propias empresas.

—Ah, entonces podemos concluir que un emprendedor exitoso es aquel que tiene un negocio y cuenta con unas cualidades especiales que han contribuido a que alcancen el éxito financiero. Esa puede ser una forma de verlo. ¿Y cuál de estas dos personas es más emprendedora: Donald Trump o el señor que vende bizcochos en mi urbanización?

—Y todos a coro me contestan:

—Los dos son emprendedores porque los dos son dueños de su propio negocio.

¿Cuál es entonces la contestación correcta? La realidad es que, aunque este tema es muy estudiado, no existe un consenso en cuanto a lo que define a un emprendedor.

Algunos estudiosos del concepto *emprendedor* lo definen como una persona que comienza un negocio o es dueño de un negocio. La raíz de la palabra empresario o emprendedor viene del idioma francés *entreprendre* que significa emprender o iniciar; de ahí con que se le llame emprendedor a todo el que comienza o es dueño de un negocio.

De todas de las definiciones que conozco, me resulta más interesante la que ofrece el profesor de *Babson College*, Jeffry Timmons, en su libro *New Venture Creation: Entrepreneurship For The 21st Century*. Timmons define el empresarismo o *entrepreneurship* como "una manera de pensar y actuar que es obsesiva ante las oportunidades, holística en su enfoque y balanceada en liderazgo".

El emprender no se limita solo a negocios; podemos emprender un proyecto en nuestro ambiente de trabajo o una relación personal. Muchos emprendedores incursionan en el mundo empresarial a través del establecimiento de pequeñas y medianas empresas (Pymes).

Me parece oportuno aprovechar el tema de las definiciones para discutir algunas muy pertinentes. Tal vez te preguntes: ¿qué importancia puede tener conocer estas definiciones para *EmprendeSer*? Algunas instituciones gubernamentales y financieras toman en cuenta estas definiciones, para diseñar programas e incentivos dirigidos a fomentar la creación de actividades empresariales. El emprender no se limita solo a negocios; podemos emprender un proyecto en nuestro ambiente de trabajo o una relación personal; ahora bien, este libro está enfocado mayormente en el tema de emprender negocios.

¿Qué son los pequeños negocios?

He encontrado variedad de definiciones de lo que son los pequeños negocios, dependiendo de la agencia, jurisdicción o país que lo defina. La SBA define a un pequeño negocio como "uno que es operado y establecido de manera independiente y que no sea dominante dentro de su área de operación".

Esta agencia establece unos parámetros en términos del número de empleados y la cantidad de ventas brutas anuales (antes de deducir gastos) que los negocios generan. Los parámetros pueden fluctuar entre 500 a 1,500 empleados en la industria de manufactura y 100 empleados en mayoreo. Los ingresos anuales fluctúan entre 2.5 y 21.5 millones de dólares para los negocios de servicios y entre 5 y 21 millones de dólares en los negocios de venta al detal. Recomiendo que visites su página de Internet www.sba.gov donde podrás obtener los parámetros específicos que aplican a la industria a la que pertenece tu negocio de interés.

La Compañía de Comercio y Exportación de Puerto Rico, define como pequeño negocio uno que genera 5 millones de dólares o menos en ventas brutas y es administrado por el dueño. Cuando presento estas cifras en los cursos, algunos estudiantes se sorprenden, ya que su percepción de un pequeño negocio es muchísimo menor. ¿Cuál es tu percepción de lo que es un pequeño negocio? ¿Cuál es su relevancia?

Como mencioné anteriormente, si tu propósito es conseguir dinero para establecer un negocio y es tu primera experiencia en negocios (aunque también se aplican a negocios establecidos) podrías cualificar para multiplicidad de incentivos y garantías gubernamentales de acuerdo con estos parámetros.

Estas instituciones te exigirán una serie de documentos y deberás cumplir con ciertos requisitos para solicitar dichos programas y considero que pueden ser de mucho beneficio para *algunos* emprendedores. Como habrán notado, he dicho *algunos*; sí, algunos y voy a explicar porqué. Estoy convencida de que convertirte en emprendedor no depende en absoluto de tu capacidad para obtener estos beneficios. Es más, me atrevo a decir, que en algunas ocasiones obtener estos incentivos podría resultar perjudicial si no estás preparado para recibirlos. ¿Por qué? Una decisión acelerada podría redundar en grandes pérdidas económicas. La pregunta ahora estriba en: ¿son todos los dueños de negocio emprendedores? O viceversa, ¿son todos los emprendedores dueños de negocio?

De dueños de negocios a emprendedores

Para lograr el propósito de este libro, que es inspirarte a que reconozcas y desarrolles a tu ser emprendedor, tienes que convertirte en emprendedor y no en dueño de negocio. ¿Qué significa esto? A lo largo de los años me he preguntado qué es lo que tienen en común algunas personas que los hace emprender y lograr el éxito. Su manera de pensar y actuar.

Tienes que convertirte en emprendedor y no en dueño de negocio.

¿Cómo piensan los emprendedores? He encontrado que la mayoría de los escritos sobre el tema coinciden en que los emprendedores tienen una serie de características en común. La siguiente tabla incluye las más comunes.

Cualidades del Emprendedor

Es:

independiente

íntegro

líder

honesto

innovador

conocedor

creativo

Además:

Ejerce el autocontrol

Se enfoca en las metas

Lo motivan los logros

Tiene:

iniciativa

autoconfianza

tolerancia al riesgo

energía

entusiasmo

pasión

perseverancia

determinación

compromiso

experiencia

Si tenemos estas cualidades, podemos decir que estamos listos para *EmprendeSer*. Sin embargo, el proceso es un poco más profundo que simplemente identificar si tenemos o no las cualidades de un emprendedor.

Una nueva manera de pensar

Aunque resulte chocante, según he observado y comprobado, la única manera en que las personas que desean convertirse en emprendedores pueden lograrlo es cuando comienzan a desaprender. No se puede seguir haciendo las cosas de la misma manera si queremos obtener resultados diferentes, como bien dijo Albert Einstein. Estoy segura que no es la primera vez que escuchas esta aseveración. Por si no lo sabías, ésa es la definición de demencia.

Es necesario comenzar a pensar y actuar de manera diferente: como piensan y actúan los emprendedores. ¿Conoces este proceso para desarrollar negocios?

- Estudia las tendencias de los mercados para identificar las oportunidades en el futuro.
- Identifica las oportunidades para establecer metas.
- Identifica los recursos necesarios y adminístralos efectivamente de modo que alcances la meta.

Este es el modelo que enseñan en la Facultad de Administración de Empresas y fue el que aprendí cuando estudié allí. Ese modelo puede funcionarle muy bien a un gerente al manejar los negocios de otro o a un estratega que sirva de consultor y maneje eficientemente las metas de un emprendedor para ayudarlo a desarrollar estrategias de negocio, pero no necesariamente ayudará a emprender negocios propios.

¿Qué características tiene este proceso? En él se parte primero de las circunstancias para luego actuar sobre ellas. ¿Es éste el mismo proceso para un emprendedor? No necesariamente.

Una de las autoras que ha estudiado este proceso es la ingeniosa profesora de la Universidad de Washington, Saras D. Sarasvathy.

Basado en sus hallazgos, podemos resumir el proceso del emprendedor en los siguientes puntos:

* El emprendedor comienza identificando dentro de sí mismo sus recursos. El proceso es de adentro hacia afuera.
* Los recursos de los emprendedores muchas veces se traducen a sus capacidades y habilidades innatas, conocimientos y experiencias adquiridas y su red de contactos.
* Los emprendedores crean sus circunstancias actuando.
* Los emprendedores están pendientes a las tendencias, son muy observadores pero, además, confían en su intuición.
* El emprendedor tiene claramente definida su visión.
* Las metas del emprendedor se van modificando a medida que cambian o varían las circunstancias.
* El emprendedor, en vez de administrar los recursos, identifica cuáles metas puede alcanzar con ellos.
* Los emprendedores determinan sus metas en términos de las cosas que son importantes para ellos.
* Los emprendedores valoran y desean flexibilidad de tiempo, reconocimiento, espacio para desarrollar su creatividad, innovar y disfrutar de lo que hacen, entre otras cosas.
* Los emprendedores impactan positivamente a otras personas porque comparten su escala de valores y liderazgo con su equipo de trabajo y el dinero viene por añadidura.
* A los emprendedores los mueve la pasión y el reto, quieren hacer la diferencia pues son entes de cambio e inspiración.

¿Piensas como un emprendedor? Al final de esta fase tendrás la oportunidad de trabajar unos ejercicios para comenzar a tomar los primeros pasos para transformar tu pensamiento.

¿Tenemos todos la capacidad de *EmprendeSer*?

Compartiré contigo una historia personal. Hace más de 10 años que trabajo por cuenta propia, pero es ahora, en este último año, que puedo decir con certeza que me considero emprendedora. ¿Por qué? Porque mi manera de pensar y actuar es completamente diferente a la que tenía cuando comencé mi negocio. Jamás hubiera escrito este libro si no hubiera trabajado para transformar mi manera de pensar y mis actitudes. A pesar de contar con un grado universitario de maestría en Administración de Empresas con concentración en mercadeo y vasta experiencia en empresarismo, de asesorar a cientos de personas a planificar, establecer y desarrollar sus propios negocios, yo misma no pensaba como emprendedora y me sentía incompleta. Descubrí, desde muy temprano en mi carrera, que no me gusta ser empleada y aunque lo he sido en varias ocasiones, entiendo que el solo hecho de sentirme sin el control de mi tiempo y sin completa libertad creativa, me frustra. ¿Te has sentido así alguna vez?

Vengo de una familia de educadores y profesionales que me inculcaron la importancia de obtener un grado universitario para conseguir un buen trabajo y ninguno de ellos fue emprendedor, así que no tuve ese modelo en mi hogar. Sin embargo, le agradezco grandemente el haber sembrado en mí la importancia de los estudios. El conocimiento y el aprendizaje nunca están de más, ahora bien, la economía mundial nos muestra que un grado universitario no es garantía para un mejor empleo. Basta con observar el gran número de personas graduadas de la universidad que no trabajan en su área de estudio. Según la Asociación Nacional de Universidades y Empleadores, menos del 20 por ciento de los estudiantes universitarios que cursan su último año de estudios y postularon para un empleo en el año 2009, lo ha conseguido.

En el año 1992, trabajaba como consultora de negocios para el programa federal *Small Business Development Center* (SBDC) y recuerdo que muchos clientes me decían:

—Con todo el conocimiento que tienes desarrollando negocios, deberías irte por cuenta propia —de más está decir que ni siquiera lo había considerado. No pensaba como emprendedora. Siempre he sido una persona agradecida de los patronos que me han dado trabajo; muchos podrían sorprenderse de saber que en muchas ocasiones me sentía sin opciones, que hacía mi trabajo por necesidad y no porque tenía una misión o propósito en la vida. Durante ese tiempo me decía:

—La vida tiene que ser más que trabajar por un cheque quincenal y pagar las deudas. ¿Alguna vez te has hecho esa misma pregunta?

Una de las lecciones que he aprendido de la vida es que cuando estás muy cómodo, el Universo se encarga de sacarte de esa zona de comodidad. Recuerdo que tenía 26 años, estaba casada y sin hijos, tenía mi propio apartamento y un trabajo "seguro". El sueldo —aunque modesto— me daba para cumplir con mis responsabilidades y salir a divertirme de vez en cuando. Había terminado recientemente la maestría en mercadeo. En ese momento creía que tenía la vida resuelta porque había logrado casi todas mis metas. Sin embargo, el Universo me tenía reservada una sorpresa. No habían pasado tres meses cuando me encontré divorciada y desempleada —mi trabajo era una propuesta federal por lo que al terminar el contrato quedé cesanteada—. Pasé de la gloria al infierno en menos de tres meses.

Una de las lecciones que he aprendido de la vida es que cuando estás muy cómodo, el Universo se encarga de sacarte de esa zona de comodidad

Fue entonces cuando por primera vez la necesidad me hizo aceptar mi primer cliente. Recuerdo que fue un Plan de Negocio para una compañía embotelladora de agua. Me pagaron $900.00 y aunque el precio que cobré estaba por debajo del mercado, ese proyecto representaba para mí, en ese momento, el sueldo de casi un mes en tan solo dos semanas de trabajo. Todavía guardo la copia de aquel Plan de Negocio. Pero ese no fue mi lanzamiento porque seguía pensando como empleada y me di a la tarea de buscar empleo y lo conseguí. La propuesta de SBDC fue adoptada por la Universidad Interamericana de Puerto Rico y retomé mi puesto, esta vez con un ascenso.

Hace 10 años, el verdadero amor llegó a mis puertas y con él, un maravilloso esposo con quien me convertí en madre por primera vez. Junto a él, tomé la decisión de quedarme en la casa para dedicarme a ser madre a tiempo completo. Fueron los mejores años de mi vida y le recomiendo a toda mujer que tenga la oportunidad de hacerlo, que lo experimente. Pero mi hija comenzó a crecer y yo a darme cuenta de que tampoco había nacido para ser ama de casa, así que por primera vez consideré la posibilidad de autoemplearme y comencé una práctica de consultoría empresarial a tiempo parcial desde mi hogar. Ofrecía cursos, seminarios, conferencias y asesoría individual. Mis servicios son mayormente subcontratados por otras instituciones por lo que mi nombre siempre ha estado tras bastidores.

En mi camino como consultora experimenté también con otros negocios y productos —entre ellos, redes de mercadeo—, pero lo lamentable en todo esto es que mi única motivación era generar un ingreso para cumplir con mis responsabilidades económicas y sentía que aún me faltaba algo. No está

Todos tenemos la misma capacidad de transformarnos y vivir cualquier sueño.

mal pensar así, siempre y cuando seamos conscientes de la decisión que estamos tomando. Cada persona decide cómo, cuándo y a dónde desea llegar. Esta decisión va a depender de nuestros valores, prioridades y deseos.

Ahora bien, la historia comenzó porque también creo que todos tenemos la misma capacidad de transformarnos y vivir cualquier sueño. No fue hasta que lo entendí —aunque teóricamente lo conocía— que tomé la decisión de vivirlo, convertirme en emprendedora y lanzarme. ¿Qué necesité para lanzarme y convertirme en emprendedora? Lo primero que necesité fue un sueño.

¿Cómo encontrar y lograr tus sueños?

Muchos negocios comienzan con un sueño y ese sueño tiene que ver con nuestro propósito o contribución a este mundo. Precisamente ese era mi problema. A pesar de haber tenido tantos logros en la vida y tantas bendiciones, no había descubierto mi propósito. Un día llegué a sentirme tan desesperada que llorando le dije a mi esposo que me gustaría ser como él. Mi esposo es un músico apasionado. Siempre ha estado enamorado de su música. Él hace el trabajo que le gusta y le fascina. Desde muy temprano en la vida, descubrió su propósito, lo que vino a hacer en este mundo. Sin embargo, yo, en ese momento, no sabía cuál era mi propósito. Estaba cansada de trabajar para los sueños de otros y no para el mío. Me

A veces otras personas nos pueden ayudar a ver las virtudes que no podemos ver en nosotros mismos.

encanta lo que hago, pero en ese momento me sentía tan agobiada que no podía reconocerlo.

Recuerdo que se sorprendió muchísimo al descubrir la manera en que me sentía y me preguntó qué me gustaría hacer. Me comentó que siempre me había percibido como una excelente comunicadora y muy buena ayudando a la gente a emprender sus negocios. Sus palabras me hicieron reflexionar en que a veces otras personas nos pueden ayudar a ver las virtudes que no podemos ver en nosotros mismos. Fue entonces cuando tomé la decisión de lanzarme a la tarea de descubrir mi propósito.

El que busca encuentra...

¿Alguna vez te han dicho que tal vez deberías hacer algo en lo que has demostrado ser bueno? ¿Te han preguntado que cuándo piensas montar tu restaurante o te han dicho que eres bueno con la gente? ¿Te han recomendado incursionar en algún campo profesional en particular? Esas son las preguntas que, aunque yo se las había hecho a muchas personas cientos de veces, no me las había hecho a mí misma.

Si todavía no estás seguro de cuál es tu sueño, recomiendo que completes el Ejercicio 1 al final de esta fase. No te voy a decir que no sigas leyendo el libro hasta que termines este ejercicio, pero no podrás *EmprendeSer* y vivir tu sueño a plenitud hasta que te expongas a ese proceso. ¿Cuánto tiempo te tomará? Solo tú lo sabes. Tal vez tengas que vivir diversas experiencias, leer varios libros edificantes o contratar un profesional (consultor, coach, líder espiritual o psicólogo). En fin, cada persona tiene su propio proceso. En mi camino tuve libros, cursos y muchas personas que sirvieron de mensajeros divinos. Lo curioso es que algunos de ellos ni saben que me ayudaron a descubrir mi propósito, algunos se enterarán cuando lean este libro. Pero algo sí te aseguro, este paso es vital. Yo lo viví, y más adelante voy a compartir contigo mi sueño y cómo tú también puedes descubrir el tuyo.

Muchas veces lo que nos impide reconocer nuestro propósito y vivir nuestros sueños son los mitos o miedos que tenemos en la mente. ¿Cómo puedes romper con ellos?

Cómo romper con los mitos

¿Alguna vez te has preguntado qué es lo que te impide convertirte en ese emprendedor que deseas ser? ¿Qué tienen esas personas que se atreven a lanzarse? Una de las razones por las cuales a veces no logramos nuestros deseos en la vida es por nuestra manera de pensar.

¿Qué es lo que te impide convertirte en ese emprendedor que deseas ser?

Tenemos en la mente mitos que nos bloquean y no nos permiten avanzar. Los escuchamos tanto y tanto que terminamos por pensar que son la absoluta verdad.

¿Qué son mitos? Me puse a buscar una definición para poder explicarlo en mis conferencias para emprendedores y encontré en la Internet una definición de la autora Maya Deren, quien define los mitos como "Hechos de la mente, puestos de manifiesto en la ficción de la materia". Al ver esta definición lo único que pude pensar fue: —Wow… o sea que nosotros creamos los mitos con nuestros pensamientos y luego los manifestamos en nuestra realidad física.

Si esto es así, quiere decir que los mitos son solo fantasías y, por lo tanto, deberíamos tener el control de borrarlos de nuestro disco duro mental. Esta definición me fascinó y me sirvió de inspiración para aplicar algunas técnicas a mi vida que he ido integrando en mis cursos.

Para poder eliminarlos, lo primero que debemos hacer es identificar cuáles son esos mitos que tenemos con respecto al empresarismo. No fue hasta que me percaté de mis propios mitos y comencé a trabajar con ellos que me atreví a lanzarme. No niego que a veces me siguen visitando, pero busco el antídoto mental para que ellos no me dominen en el camino. A continuación compartiré algunos de los mitos más comunes con los que me he topado y otros que me han mencionado en mis seminarios y conferencias. Veamos la verdadera cara de los siguientes mitos.

Mito #1: Los emprendedores nacen, no se hacen.
Aunque hay opiniones diferentes sobre el tema, mi experiencia ha sido que el emprendedor se hace. Hay personas que nacen con habilidades y talentos, pero también el ser humano tiene el poder de aprender,

modificar y transformar sus actitudes y conductas. Por más de 15 años, he visto empleados convertirse en emprendedores, ingenieros convertirse en emprendedores ambientales, publicistas convertirse en emprendedores agrícolas, todo esto luego de tomar alguno de mis cursos, y como estos, cientos de ejemplos. ¿Qué los ha llevado a emprender? El verdadero deseo de aprender y ponerse en acción hasta alcanzarlo.

¿Cómo te haces emprendedor? Educándote, aprendiendo. Se aprende de diversas maneras tanto tradicionales (escuelas, universidades y cursos) como no tradicionales (libros de interés, mentores, artículos, por observación y por experiencia). No importa el modo que escojas o que te resulte más beneficioso para estudiar el tema, estoy convencida de que nadie crece sin educarse. El emprendedor se prepara, aprende, conoce sus competidores, está al tanto de los cambios en el mercado, su industria y, sobre todo, aprende de las experiencias de personas a quienes les ha ido bien. Este proceso de aprendizaje o educación debe ser continuo; debes exponerte en todo momento a oportunidades para estudiar y aprender algo nuevo que te ayude a crecer como emprendedor.

El verdadero deseo de aprender y ponerse en acción hasta alcanzarlo es lo que mueve a los emprendedores.

Una estrategia que siempre recomiendo a mis estudiantes es leer historias de emprendedores exitosos. Puedes hacer una búsqueda en la Internet a través de Google o cualquier otro buscador bajo las siguientes palabras claves "historias + emprendedores + éxito" y comienza a conocerlos. Si deseas conocer historias de emprendedores puertorriqueños, te recomiendo el libro de la doctora Leonora Hamilton, *Negocios que han hecho historia en Puerto Rico*. Luego, toma como ejemplo algunos de esos emprendedores que has identificado y utiliza su historia como inspiración. ¿Qué puedes aprender de sus logros? ¿Cómo manejaron el fracaso? ¿Qué los motivó a emprender?

¿Cuál fue su proceso? ¿Cómo manejaron sus circunstancias? ¿Dónde o cómo adquirieron experiencia y/o conocimientos?

Mito #2: Para ser emprendedor necesitas mucho dinero.
Este es uno de los mitos que más han expresado las personas que se acercan a mí y, sorprendentemente, considero que es uno de los más fáciles de romper. Cuando leas las historias de algún emprendedor exitoso observa cuántos de ellos comenzaron con muy poco o ningún capital. Uno de estos emprendedores fue el famoso caricaturista Walt Disney quien se lanzó a emprender después de haber sido despedido de su empleo y haberse quedado con muy poco ingreso. En una de muchas biografías que he leído sobre él y que encontré en un blog titulado *Emprendedores exitosos*, me llamó mucho la atención esta descripción: un "pobre empleado con dificultades financieras". Otro ejemplo es el de John Davidson Rockefeller, el famoso millonario, quien comenzó su negocio de inversiones con solo $50.00 que ganó vendiendo piedras de colores a sus compañeros de escuela. En estos dos ejemplos la pasión, la creatividad y la clara visión sobrepasaron la limitación de dinero.

Según la *Small Business Administration*, las fuentes principales de capital para el establecimiento de nuevos negocios son los ahorros personales, las donaciones de familiares o las deudas personales tales como tarjetas de crédito (aunque no las recomiendo por los altos intereses que pueden acumularse en ellas). ¿De qué factores depende un negocio para determinar la cantidad de dinero que necesitará para comenzar operaciones? La cantidad de dinero necesaria para comenzar un negocio depende de varios factores, entre estos, el tipo de negocio y la capacidad del emprendedor para obtener capital. Por ejemplo, los negocios por Internet ofrecen una

La pasión, la creatividad y la clara visión sobrepasaron la limitación de dinero.

alternativa de negocio que requiere muy poca inversión (por ejemplo, un blog se puede construir gratuitamente) y permiten ganar ingresos por el interés que generen, que se mide por el tráfico a la página.

Mito # 3: Para ser emprendedor se requiere mucha experiencia.
La experiencia es un tesoro en cualquier industria; si la tienes, llevas casi la mitad del camino gano. Sin embargo, la mayoría de los emprendedores aprenden y adquieren su experiencia durante el proceso de desarrollo de su negocio. Tuve la oportunidad de conocer al emprendedor puertorriqueño Ángel R. Santiago, de Encantos de Puerto Rico, en una conferencia ofrecida por la Universidad de Puerto Rico. En su ponencia nos contó su inspiradora historia de cómo siendo un estudiante de ingeniería y sin ninguna experiencia en la industria de café, comenzó a tostar los granos en el balcón de su casa, luego los distribuyó a los pequeños negocios del área. Su pasión por el producto, perseverancia y visión lo fueron guiando hasta que estableció su negocio. Nos contó, de manera muy jocosa, todos los sacrificios y errores que cometió por su falta de experiencia hasta que fue tocando las puertas correctas y hoy en día es uno de los distribuidores de café más importantes en la Isla y exporta sus productos a Estados Unidos y Europa.

Uno debe estar dispuesto a nutrirse de otros, rodearse de mentores, buscar información, confiar en su intuición y sobre todo: perseverar.

El empresarismo es un proceso de aprendizaje en el que la persona debe estar dispuesta a nutrirse de otros, rodearse de mentores, buscar información, confiar en su intuición y, sobre todo, perseverar. Si no tienes ningún tipo de experiencia liderando un negocio, una buena manera de exponerte a ella puede ser trabajando como voluntario o a tiempo parcial en un negocio similar o comenzando el negocio en una escala de riesgo mínimo. Algunas de las formas de minimizar el riesgo y ahorrar dinero incluyen comenzar la operación desde el hogar antes de hacer el compromiso de pagar la renta de un local comercial y otros gastos tales como el mantenimiento y otros servicios. Debes haber escuchado sobre los fundadores de la compañía *Apple Computers*, los emprendedores Steve Wozniak y Steve Jobs. Ellos comenzaron su negocio en el garaje de una casa en el pueblo de Cupertino en California. Suelo decir en mis charlas: "Primero mójate los pies en la orilla del agua antes de darte el chapuzón. Sueña en grande pero comienza pequeño".

Mito #4: Para convertirse en emprendedor, la persona tiene que ser bien arriesgada.

Si bien es cierto que emprender requiere tomar riesgos, una de las cualidades que he observado que distingue a los emprendedores de éxito es que toman riesgos calculados. Analizan el mercado, identifican una oportunidad y miden el potencial de riesgo. Recuerda que lanzarse no significa que lo harás sin paracaídas. He visto en mis clientes que los emprendedores que minimizan riesgos logran permanecer y hacer crecer sus negocios de manera constante. Algunos de los consejos que suelo dar incluyen: separar un dinero para cubrir los gastos personales en lo que el negocio genera ganancias, tener una fuente de ingresos alterna para gastos personales, por ejemplo, dar clases, trabajar en consultorías, escribir artículos o alguna actividad a tiempo parcial que genere ingresos sin sacrificar muchas horas de las tareas principales del negocio. También puede ser viceversa, establecer el negocio a tiempo parcial mientras trabajas en otro lugar a tiempo completo hasta que el negocio genere y te permita ahorrar lo suficiente como para dejar tu trabajo y dedicarte al negocio a tiempo completo.

Comienza pequeño, ¡pero sueña en grande!

Piensa en las distintas opciones con las que cuentas para minimizar tu riesgo. Busca personas que puedas integrar en tu equipo. ¿Quién te dijo que debes emprender solo? Asóciate con personas expertas en distintas áreas que te ayuden a aumentar la capacidad para manejar proyectos más grandes y minimizar tus riesgos compartiendo la responsabilidad y los recursos con ellos. Más adelante en la fase tres compartiré contigo sobre otras tácticas que puedes incorporar para lograr minimizar el riesgo. Recuerda, comienza pequeño, ¡pero sueña en grande!

Mito #5: Para ser emprendedor la persona tiene que ser naturalmente creativa.
Muchas personas relacionan la creatividad con el arte, la música, la poesía y la musa y perciben que este atributo es privilegio de solo unos pocos. Sin embargo, aunque algunas personas cuentan con más creatividad que otras, todos tenemos la capacidad de desarrollar nuestra mente creativa. Lo he vivido cientos de veces con mis estudiantes y clientes que llegan a la clase con su mente en blanco de ideas y tan pronto comienzan a integrar las técnicas y herramientas para desarrollar ideas, la creatividad comienza a aflorar.

Uno de los mayores obstáculos que he identificado que impiden que algunas personas logren desarrollar su creatividad es precisamente que se dicen a sí mismas que no son personas creativas. Están tan convencidas de eso que ni siquiera lo intentan y, por consiguiente, no lo consiguen.

Creo que se puede adiestrar la mente, de la misma manera en que se entrenan los músculos. Para mí, la creatividad implica justamente pensar de una manera innovadora, ya sea ver una idea de manera distinta o buscar una solución diferente a un problema. Me encanta la famosa frase de Walt Disney, "Si lo puedes soñar, lo puedes crear".

Una técnica que comparto con mis estudiantes es la de escribir sus ideas. Esta técnica me la enseñó mi esposo, quien es compositor musical. Cada vez que llega una melodía a su mente él corre a escribirla en papel no importa la hora del día o la noche. He notado que cuando escribo mis ideas, tarde o temprano se materializan. El simple acto de escribirlas marca un compromiso conmigo misma que me motiva a darles seguimiento, modificarlas y visualizar la mejor manera para lograr reali- *La creatividad implica justamente pensar de una manera innovadora.* zarlas. En la Fase 3 de este libro, encontrarás unos consejos que pueden ser de gran ayuda para ejercitar tu mente creativa. Mientras tanto, cambia el diálogo contigo mismo y créete que si lo puedes soñar, lo puedes crear. Tú tienes el poder de romper con este mito.

Mito #6: Los emprendedores son buenos en matemáticas, contabilidad y finanzas.

No dudo que muchos lo sean, pero más que ser buenos en matemáticas, contabilidad y finanzas, considero que el emprendedor debe tener la disciplina para manejar su dinero, manejar información y organizarla de manera tal que pueda tenerla accesible y clara para tomar decisiones sabias y a tiempo en su negocio. Debe conocer unos conceptos básicos de contabilidad pero más importante aún, es establecer una relación de confianza con un profesional en contabilidad y finanzas que pueda asesorarlo y ofrecerle sus recomendaciones.

En cuanto a la matemática, si sabes sumar y restar podrás realizar la mayoría de las funciones de tu negocio que tienen que ver con el dinero. No obstante, como emprendedor tienes que entender que las decisiones finales del negocio son siempre tu responsabilidad y no la del profesional en contabilidad. ¿Cuáles son las responsabilidades que tiene el emprendedor en cuanto a su dinero y su negocio? El emprendedor debe conocer cuánto dinero necesita y en qué área dentro del negocio será mejor utilizado, debe conocer cómo obtener el dinero y cómo invertirlo para que las entradas de efectivo sean mayores que las salidas. Conocerás un poco más sobre este tema en la sección sobre el manejo del dinero en la Fase 4 de este libro.

Mito #7: Para ser emprendedor tienes que tener por lo menos un bachillerato en Administración de Empresas.

Un artículo en la revista de negocios *Inc.* reveló que 77% de los emprendedores no cuenta con un grado en Administración de Empresas. Casualmente, mientras escribía este libro, me reuní con un excelentísimo grupo de emprendedores puertorriqueños en la inauguración de un programa de mentores para los estudiantes del programa empresarial de la Universidad de Puerto Rico, en el cual soy profesora. En este programa se aceptan estudiantes de todas las facultades. Uno de los aspectos que más me agrada de este innovador programa empresarial es que en un mismo salón puedo tener estudiantes de arquitectura, humanidades y ciencias; en fin, variedad de especialidades. Pero regresando a mi reunión con los emprendedores, una de las mentoras, Migdalia Rosado, fundadora de PRIMEX/ Novatek comentó en una de sus intervenciones que la mayoría de los emprendedores en Puerto Rico provienen de disciplinas distintas a la Administración de Empresas. Inmediatamente después de su comentario, nos tocó la parte protocolaria en que cada uno de los presentes debía presentarse, interesantemente solo Manuel Cidre, fundador de Los Cidrines, expresó tener estudios en Administración. Los demás mentores —Jorge L. Rodriguez, fundador de PACIV; Luis Romero Font, fundador de Celpage y Optivon; Luis G. Ramírez, fundador de *Avant Technologies*; Ignacio Pino, fundador de CDC *Animal Health*; y Archer Lebrón, fundador de Transcend— contaban con estudios en áreas distintas a la Administración de Empresas. Entre ellas: ingeniería, medicina y ciencias de la información. Ese grupo de influyentes emprendedores fue una excelente muestra que valida, una vez más, que la creencia de que es necesario tener un bachillerato en Administración de Empresas para convertirte en emprendedor es solo un mito.

Aunque no es necesario un grado en Administración de Empresas ni un grado universitario para convertirte en emprendedor, no es menos cierto que sí necesitamos conocer, por lo menos, unas herramientas básicas empresariales y de administración. Existen infinidad de cursos cortos, libros, seminarios, páginas de Internet y revistas que pueden dirigirte en los conceptos básicos de conceptualizar, organizar y manejar negocios. Con este propósito en mente, me embarqué en otro proyecto emprendedor y diseñé precisamente, el primer Certificado Profesional para Emprendedores de Negocios para la División de Educación Continua y Estudios Profesionales del Recinto de Río Piedras de la Universidad de Puerto Rico. Este certificado se puede obtener en solo un semestre y se enfoca en las destrezas necesarias para desarrollar la mentalidad emprendedora y las herramientas para llevar ideas de negocio a la acción. Cualquier persona con verdadero deseo de emprender puede certificarse en este programa. Estudiar es importante, pero si por alguna razón no puedes tomar estos cursos, eso no debe ser un impedimento para lograr emprender tu negocio, sino una oportunidad para exponerte a aprender algo nuevo.

Mito #8: Para ser emprendedor tienes que ser experto en ventas.
Aunque algunas personas no hayan tenido la oportunidad de manifestarlo, he observado que todos de una manera u otra somos vendedores naturales. Muchas veces mostramos esa capacidad innata para las ventas en nuestro diario vivir. ¿Cuántas veces te has enamorado y le has contado y mostrado a esa persona lo mejor de ti? ¿O le hiciste miles de preguntas a esa persona que conociste por primera vez para identificar si era un buen candidato para comenzar una relación? Pues, utilizaste estrategias de venta. ¿Cuántas veces has preparado un resumé para convencer a un patrono de que cuentas con los mejores talentos y habilidades para ocupar cierto puesto?

Estás vendiendo. ¿Cuántas veces le recomendaste un salón de belleza a una amiga y ella salió corriendo y se hizo el último corte de moda en ese salón? Se lo vendiste y ni siquiera cobraste por hacerlo. En fin, siempre estamos vendiendo, pero no somos conscientes de que lo hacemos. La realidad es que a muchos nos disgusta que nos vendan, sin embargo, nos encanta comprar. La buena noticia es que la venta es una destreza que se puede aprender. Solo necesitas conocer los pasos para realizar el proceso de venta y ponerlos en práctica. La clave está en adiestrarte. La educación no tiene que ser necesariamente formal, hay muchas maneras de aprender. Algunas personas son autodidactas y aprenden sin asistencia de un maestro, o con solo leer algún libro o completar algún curso en línea, logran su cometido. También están los que necesitan algún curso formal en el salón de clase, ya sea tomando algún seminario o taller. Visito mucho una página de Internet llamada *justsell.com* pues ofrece excelentes herramientas que ayudan a mejorar las destrezas de venta. Ahora bien, estoy convencida de que la mejor escuela de venta es la práctica y la experiencia. Muchas compañías adiestran a sus vendedores con programas donde el nuevo vendedor es acompañado por un vendedor experto, el nuevo vendedor aprende primero observando las técnicas del experto y, luego, las aplica en el campo de batalla. Puedes estudiar en la institución más prestigiosa con el profesor más cotizado pero, si no te expones y te atreves a aplicar lo aprendido, de nada te servirá.

Uno de mis mentores fue el gran veterano de los medios, Sherman Wildman, con quien tuve el privilegio de trabajar como ejecutiva de ventas en su emisora Radio WOSO 1030 AM. Allí tuve la oportunidad de pulir mis destrezas de venta ofreciendo pautas publicitarias para alcanzar un mercado bilingüe, altamente educado y comercial. Esa fue para mí una excelente experiencia ya que, además de ventas, obtuve excelentes contactos en los medios publicitarios y hasta me estrené

La educación no tiene que ser necesariamente formal, hay muchas maneras de aprender.

como productora y personalidad radial a través de las cápsulas empresariales *Business Talk with Anita Paniagua*.

La venta es un proceso y, como tal, tiene una serie de pasos que pueden seguirse como una receta de cocina. Muchos vendedores comenzaron sus carreras con un guión bien diseñado que su compañía les prepara y, luego de tanto practicarlo, lo hicieron suyo hasta desarrollar sus destrezas. Definitivamente, la venta es una parte importante de tu negocio. Rompe con este mito; tienes el poder de aprender todo lo que estés dispuesto a dedicarle tu tiempo, recursos, esfuerzo y enfoque.

Tu tienes el poder de aprender todo lo que estés dispuesto a dedicarle tu tiempo, recursos, esfuerzo y enfoque.

¿Cómo transformar nuestra realidad?

Recuerdo el día que surgió la idea de escribir este libro. La noche anterior había tenido una interesante conversación telefónica con mi amiga Zulmarie Padín, quien se dedica a ofrecer talleres de transformación internacionalmente. Ella recién llegaba a Puerto Rico proveniente de España y me había pedido que la ayudara para emprender su proyecto en Puerto Rico. La conversación fue fluyendo de manera tal que terminé contándole que me encontraba en el proceso de buscar mi propósito. De más está decir que inmediata y oportunamente ella —como buena transformadora que es— me hizo la pregunta clave:

—¿Qué podrías estar haciendo todo el tiempo sin cansarte? —Ella no lo sabe, o quizás sí, pero esa pregunta fue traumatizante para mí porque sencillamente no tenía la contestación.

Pasé toda la noche y parte del próximo día dándole vueltas a su pregunta y buscando una contestación sin ningún éxito. Hasta que de repente —recuerdo que estaba en mi carro— la respuesta me llegó a la mente como una epifanía. Mi propósito estaba claro: inspiraré y motivaré a otros a desarrollar su espíritu empresarial. Entonces llegó esta idea loca de que debía escribir un libro. En el momento lo vi claro, lo podía sentir; ese era mi sueño. Recuerdo que de la emoción llamé inmediatamente a mi esposo, le conté que lo había encontrado. En el momento el concepto era bastante distinto a lo que terminé escribiendo, pero era un libro.

No pasó mucho tiempo cuando se presentaron algunos de mis mitos: "Para escribir un libro se necesita ser escritor profesional, eso no fue lo que yo estudié. Para tener éxito escribiendo tienes que tener un nombre reconocido o haber realizado grandes cosas. ¿Quién soy yo, a mí nadie me conoce? Para escribir un libro necesito tiempo que no tengo… bla, bla, bla". Entonces le hice caso a mi consultora empresarial interior y comencé a buscar información.

Me acordé de que recién había conocido una maravillosa mujer que estaba involucrada en ese fascinante mundo de los grandes escritores, Sharon Koenig. Fue ella quien trajo al famoso Deepak Chopra por primera vez a Puerto Rico. Para mi sorpresa, me dijo que en la actualidad las editoriales precisamente buscan personas con alguna especialidad o cierta personalidad que pudieran compartir sus conocimientos con un público interesado, pero que, en su mayoría no son escritores. También me sugirió que hiciera una búsqueda de los títulos más vendidos relacionados con el tema de mi libro y, ni tonta ni perezosa, me di a la tarea de obedecer.

Encontré información muy interesante, pero los datos más reveladores para mí fueron que la mayoría de los títulos más vendidos sobre empresarismo están escritos en inglés y los pocos que están disponibles en español eran traducciones de esos mismos libros.

También encontré que varias personalidades que escribieron libros, tienen programas de televisión y ni siquiera tienen preparación formal en los temas de los que habían escrito. Una de ellas es la famosa personalidad del canal de televisión *Food Network*, Rachael Ray, quien ni siquiera es *chef*, y la historia de la famosa asesora financiera Suze

Orman, quien era mesera en un restaurante y obtuvo un trabajo en una firma financiera. En Puerto Rico, tenemos personalidades como Silverio Pérez. En su biografía dice que nació en cuna humilde luego estudió ingeniería química y hoy en día es uno de los escritores y personalidades de la televisión más influyentes en la Isla. Estas y muchas otras personas fueron inspiración para lanzarme sin miedo a mi proyecto.

Pero la gota que colmó la copa fue cuando tuve el honor de ser invitada como experta en empresarismo a una entrevista en la revista radial *A Viva Voz con Dorilinda Ramírez* que se transmitía por la emisora Radio Isla. Mientras esperaba en la recepción para entrar a la cabina radial, me presentaron a dos maravillosas mujeres que compartirían la entrevista conmigo. Una de ellas era la profesora Mayra Maldonado Brignoni, quien estaría presentando su más reciente publicación sobre el tema de valores, y la otra dama de nombre Nydia Suárez, quien escribió un innovador libro de sátira política titulado *Los Emails de Jacinta*. Ambas platicaban con Dorilinda sobre sus experiencias y cómo habían logrado publicar sus obras de manera independiente. Mayra contó que había comenzado a publicar sus libros mientras criaba a sus niños y que ha hecho su carrera gracias a sus libros. En fin, aquella conversación fue como un mensaje divino para mí ya que en mi mente estaba ya la inquietud de escribir mi libro. De repente Dorilinda, la conductora del programa, saca una de sus más recientes publicaciones y la comparte con el grupo. Todas habían publicado y, ahí estaba yo, la experta en emprender, y sin libro. La mejor bofetada que he recibido en toda mi vida. Me dije:

—¿Qué estás esperando, Anita? ¡Manos a la obra! No sabes a quién y cómo puedes impactar positivamente cuando estás haciendo lo que te apasiona. Estas mujeres lo hicieron conmigo. El cómo lo haces, tal vez, no es tan importante como el hacerlo.

¿Qué hice con el mito de que necesitaba mucho tiempo para escribir? Tuve que disciplinarme. Confieso que ha sido lo más difícil del proceso para mí. Hice un compromiso conmigo misma de poner mi proyecto como mi prioridad, sería lo primero que haría al levantarme. Programaba el reloj por lo menos tres días a la semana y me levantaba 30 minutos antes de la hora habitual para dedicarle por lo menos 20 a 25 minutos exclusivamente al libro. Era maravilloso porque cuando todos los imprevistos del resto del día aparecían, ya yo había trabajado hacia la realización de mi sueño. Pronto los 25 minutos se convirtieron en horas, luego en días. Porque cuando trabajas de manera proactiva para lograr tus sueños y metas las puertas se abren para ti. ¡Es como un milagro divino! Todos tenemos 24 horas cada día, es nuestra responsabilidad utilizar el tiempo de la mejor manera posible.

¿Qué te parecen estos mitos? A mí me parecen excusas… Sí, excusas que ponemos en nuestra mente para mantenernos alejados de la oportunidad de emprender. Muchos de ellos se pueden interpretar como miedos que, en la mayoría de los casos, son creados por falta de conocimiento.

Este proceso no pretende ser instantáneo y es posible que necesites buscar datos específicos o exponerte a más información, estar más alerta y expuesto a nuevas experiencias e historias positivas. Solo puedo decirte y asegurarte que no existe nada que te impida convertirte en el emprendedor de éxito que quieres ser, siempre y cuando así tú lo decidas. Te brindaré las herramientas para trabajar con tu sueño para que puedas convertirlo en un negocio.

Guíate por la emoción, pero actúa con la razón.

Ahora sí, hay una sola condición, tienes que estar dispuesto a hacer cambios en tu manera de pensar y actuar para conseguirlo. El tiempo que este proceso te tomará, solo depende de ti. Abre tu mente y lánzate a la acción. Guíate por la emoción, pero actúa con la razón.

En la próxima sección, presentaré un viaje por el proceso empresarial. Conócelo y comienza a tomar conciencia de él.

 Ya tienes estas herramientas:

- Los pasos para trazar tu camino en el proceso empresarial
- El secreto que los dueños de negocios deben aprender de los emprendedores
- Cómo pensar como emprendedor
- Cómo soñar tu éxito
- Cómo romper con tus mitos

Ahora estás listo para reconocer a tu ser emprendedor y aplicar lo aprendido. Es importante que para que la semilla de *EmprendeSer* comience a germinar completes los ejercicios a continuación.

Ejercicio 1: Preguntas para descubrir tu propósito

¿Qué actividades te gustaba realizar de pequeño?

_____

_____

¿Qué decías que deseabas ser cuando fueras grande?

_____

_____

¿Cuáles son tus pasatiempos? _____

_____

¿Te apasiona algún deporte? ¿Cuál? _____

¿Qué temas de películas o libros te intrigan y no puedes parar de verlos o leerlos?

_____

_____

¿Como cuál personalidad de los negocios o de la televisión te gustaría ser?

_____

¿Por qué? _____

¿Cuál es ese negocio que tanto te apasiona y te encantaría poder tener algún día? _____

_____

Ejercicio 2: Desarrollando tu mentalidad de emprendedor

¿Qué deseas en la vida? ¿Cuál es tu misión? _____

_____

_____

¿Dónde te visualizas de aquí a 5, 10 y 20 años? _____

_____

_____

¿Qué idea de negocio podrías comenzar con las habilidades que tienes ahora? Usa tu imaginación y tu creatividad. _____

_____

_____

¿A quiénes conoces que podrían ayudarte a lograr estas metas?

_____

¿Cuál es tu visión del mundo ideal? _____

_____

¿Cómo puedes impactar a otros para lograr esta visión?

_____

_____

¿Qué harías si para comenzar tu negocio necesitaras recursos que en el momento no tienes? ¿Desistirías de la idea? ¿Cómo podrías lograr tus metas a pesar de las circunstancias?

_____

_____

Ejercicio 3: Transformando tus mitos

Identifica y apunta por lo menos tres de tus mitos. Añade otros diferentes a los que he mencionado.

_____

_____

_____

_____

_____

¿Ya escribiste tus mitos?
¡Felicidades! Has dado el primer paso para transformar tus mitos y convertirte en emprendedor. Ahora continúa con el siguiente paso.

¿De dónde vienen tus mitos? ¿Los escuchaste de tus padres o tus colegas? ¿Los aprendiste en la escuela o tal vez en la universidad?

_____

_____

_____

_____

¿Qué persona puedes identificar que haya logrado romper con ese mito? ¿Anota, si sabes, cómo lo logró?

_____

_____

_____

_____

¿Cómo puedes transformar la percepción que tienes sobre ese mito? ¿Cuál es tu nueva realidad?

_____

_____

_____

_____

Tómate el tiempo que necesites para realizar este ejercicio. De nada vale continuar leyendo, empapándote de información que luego no podrás aplicar porque tus mitos no te lo permiten.

FASE 2

Cultiva tu ser emprendedor

¿Estás listo para EmprendeSer?

El proceso empresarial

Es importante que entiendas que para convertirte en emprendedor debes estar dispuesto a pasar por un proceso que consta de una serie de pasos, eventos o actividades que se van realizando hasta llegar a un fin determinado. Incursionar en el empresarismo es un proceso evolutivo porque a través del mismo procuramos transformar nuestra personalidad, nuestros hábitos, actitudes, acciones y hasta nuestros pensamientos para lograr el éxito.

El empresarismo es más bien un proceso evolutivo de transformación. El proceso empresarial no es un proceso lineal, lo que significa que aunque se puede explicar de manera sucesiva como una serie de pasos, en la práctica el proceso ocurre de forma irregular. Puedes comenzar con el paso 1 y el paso 2 simultáneamente y luego regresar al paso 1, o podrías comenzar por el paso 2 en vez del paso 1 y así sucesivamente. Lo importante es conocer que existe un proceso empresarial y ser conscientes de las actividades o eventos a los que debemos exponernos para lograr la meta.

Podemos resumir el proceso en tres pasos principales:

1) El primer paso se conoce como el **empresarial** y se refiere a esos rasgos de la personalidad, los valores y las actitudes que nos definen como persona y que nos mueven a ser el ser humano que somos. Algunos de ellos son la determinación, la empatía y la tolerancia.

2) El segundo paso es el **gerencial** y se refiere a las experiencias administrativas que hemos adquirido durante nuestra carrera

profesional o educativa. Por ejemplo, mercadeo, finanzas y ventas.

3) El tercer paso es el **técnico** y se refiere a los conocimientos o experiencias previas en el tipo de negocio que deseamos establecer. Por ejemplo, si deseas establecer un salón de belleza, ¿conoces de estilismo?

¿Cuál es la importancia de conocer el proceso? En la medida en que somos conscientes de este proceso podemos trabajar en las áreas que necesitamos fortalecer y adquirir los conocimientos o buscar los recursos que nos faltan. También nos sirve para identificar personas con el potencial para ser parte de nuestro equipo de trabajo, socios o posibles empleados.

Debemos exponernos a lo largo de la vida a distintas actividades, experiencias y oportunidades de capacitación que estén relacionadas con cada uno de estos pasos de modo que logremos transformarnos en emprendedores balanceados. Recuerda que la meta es minimizar el riesgo y maximizar el éxito. Este proceso no es lineal, lo que significa que en el camino y de acuerdo con cada uno de nosotros, el proceso y el tiempo que le tome a cada uno serán diferentes. Es como ver la meta con distintos caminos, como la vida misma.

Recuerda que la meta es minimizar el riesgo y maximizar el éxito.

En mi proceso, los estudios universitarios y la educación continua me han dado la experiencia técnica para asesorar negocios en áreas de Administración de Empresas y Mercadeo. La parte gerencial —que incluye las ventas, la negociación, el manejo del dinero y trabajar con impuestos, entre otros— la estoy desarrollando con las experiencias profesionales vividas como empleada y como dueña de negocio. El aspecto empresarial lo trabajo día a día a través de la disciplina y otros aspectos de mi personalidad tales como mis actitudes y las relaciones interpersonales. Sin embargo, debo seguir trabajando cada una de las áreas a través de toda la vida educándome, leyendo, manejando nuevos proyectos y aprendiendo de mentores. Mientras aprendo también actúo; no tenemos que esperar a saberlo todo para comenzar a emprender.

No hay que saberlo todo para comenzar a EmprendeSer.

Para ti, el proceso puede ser totalmente distinto; tal vez has estudiado un oficio o tienes un pasatiempo, una habilidad artística o especial como cocinar, trabajar con flores, decorar, trabajar en mecánica, quizás tienes una profesión como la de arquitecto, médico o abogado que te ofrece una experiencia técnica con la cual podrías establecer un negocio o práctica privada relacionada.

Otras personas poseen cualidades empresariales naturales. Tal vez son personas arriesgadas, se mueven por el logro, les gusta el reto o son perseverantes. Son esas personas que, como dicen en Puerto Rico, le venden una nevera a un esquimal y todo lo que tocan lo convierten en oro. Tienen la habilidad natural de desarrollar proyectos y conceptos logrando influir a otros para que emprendan con ellos. Sin embargo, si no eres naturalmente así, mi mensaje es que puedes aprender a pensar y actuar de esa manera.

Cada uno de nosotros es distinto, de acuerdo con las vivencias, habilidades e intereses. El proceso es tan individual como nosotros mismos, pero todos tenemos que pasar por el proceso. Los seres humanos nunca dejamos de aprender, tan pronto nos sentimos confiados en que lo sabemos todo, entonces dejamos de hacer y, por consecuencia, nos impedimos crecer. El empresarismo es un proceso de crecimiento de toda la vida.

Este proceso no pretende lograr que nos convirtamos en expertos en todas las áreas, mucho menos tenemos que esperar a obtener todo el conocimiento para lanzarnos. De hecho, ni siquiera tenemos que hacerlo solos. Si nosotros, como emprendedores, reconocemos las áreas que necesitamos desarrollar para lograr emprender con efectividad, entonces podemos identificar otras personas que cuenten con esas cualidades, experiencias o educación que necesitamos en nuestra empresa para que se unan a nuestro equipo. Ya lo dijo mi gran héroe en liderazgo, John Maxwell, en su libro *Desarrolle el líder que está en usted*, "detrás de cada gran líder hay un equipo" pues "nadie puede lograr hacer grandes cosas solo".

Hace varios años estuve ofreciendo unos talleres de empresarismo para personas *El empresarismo es un proceso de crecimiento de toda la vida* que residen en comunidades marginadas en toda la Isla. Al final del curso, los participantes recibirían un préstamo para comenzar sus empresas, siempre y cuando probaran tener la capacidad para manejar los proyectos. Recuerdo particularmente a dos jóvenes en el grupo que tenían ideas de negocio muy similares. Cada una de estas jóvenes deseaba establecer un centro para cuidar personas de edad avanzada. Una de ellas tenía experiencia administrando y supervisando este tipo de negocio y la otra era enfermera graduada. Ambos proyectos eran muy ambiciosos con relación a sus capacidades financieras particulares: necesitaban aproximadamente $250,000.00 para comenzar la operación. Tal vez no parece una cantidad de dinero muy alta, pero para la condición económica de estas participantes, sí lo era. Por sí solas no podían cualificar para la transacción; sin embargo, si se unían en el proyecto lograrían el préstamo deseado. Desafortunadamente para ambas, ninguna cedió el poder absoluto del negocio y el resultado fue que ninguno de los dos centros pudo desarrollarse.

Es importante asesorarnos bien y estar claros desde el principio de cuáles son las responsabilidades y actitudes de cada miembro del equipo y cuáles son las leyes que nos protegen cuando hacemos negocios con otros.

¿Qué estás dispuesto a hacer para alcanzar tu sueño?

Logrando el balance al 101%

Una de las metas que los emprendedores deseamos alcanzar es el balance en nuestra vida personal. Y aunque algunas personas opinen que no se puede tener todo en la vida, yo soy soñadora, emprendedora y optimista; creo que sí podemos y que tenemos el derecho a tener todo lo que deseamos en la vida. Soy fiel creyente de que Dios nos trajo a este mundo para que seamos felices y hagamos felices a otros, pero nos dio la responsabilidad a cada uno de nosotros de buscarla por cuenta propia —con una que otra ayuda cuando se la pedimos–.

Cuando buscamos el balance personal lo hacemos porque deseamos alcanzar la recompensa que ese balance nos puede traer, pero en el camino es posible que nos tropecemos con varios riesgos.

Tenemos el derecho a tener todo lo que deseamos en la vida.

Según el modelo de operaciones de negocios que presenta el informe de 2009 de *Global Entrepreneurship Monitor*, la mayoría de los negocios nuevos que se establecen fracasan durante los primeros cinco años. Durante años, la *Small Business Administration* ha expresado que la razón principal a la que se le atribuye esta merma, es a la mala administración. A lo largo de mis más de 15 años como consultora empresarial, he escuchado los problemas de miles de emprendedores. A fin de cuentas, creo que los consultores somos una especie de psicólogos.

En mi experiencia, **me atrevo a asegurar que la mayoría de los problemas administrativos en los negocios son el reflejo del estilo de vida de sus dueños**. La causa de los problemas en los negocios: los hábitos personales; el efecto: los problemas administrativos.

Uno de los problemas típicos con el que más me he topado es el famoso problema de manejo de efectivo o *cash flow*. La causa principal de este problema estriba, la mayoría de las veces, en el uso personal que le damos al dinero. La mayoría de los emprendedores no ha desarrollado un presupuesto personal, por lo que carece de una conciencia para identificar con certeza dónde se gastó el dinero. ¿Te has preguntado dónde está el dinero que has generado? Muchas veces puede estar en las comidas afuera, el entretenimiento familiar, los viajes personales y los lujos, por mencionar algunos ejemplos. El problema no estriba en que gastemos sino en la falta de disciplina y compromiso con nuestro sueño.

Todos esos gastos se pueden hacer y se deben hacer —después de todo

La causa de los problemas en los negocios: los hábitos personales; el efecto: los problemas administrativos.

los negocios son una excelente fuente de generar riqueza—. Pero hay una manera, un tiempo y un lugar para todo en la vida. He tenido que aprender esta lección y todavía sigo trabajando en el proceso. Por experiencia sé que algunos hábitos de consumo no son fáciles de romper.

Ahora bien, esta situación de dinero que presenté anteriormente puede ser prevista y minimizada. Después de todo, he repetido en varias ocasiones en este libro que los emprendedores toman riesgos calculados. Si los riesgos personales se reflejan en tus resultados e interfieren con tu meta, ¿cómo puedes minimizarlos?

Lo primero que puedes hacer es identificar esos riesgos personales y lograr el balance, identificando las recompensas. El propósito final es desarrollar estrategias para reducirlos. He hablado bastante acerca de los riesgos, pero ¿qué son y cómo nos afectan?

Negocio = Riesgo

Menciono en mis cursos que el riesgo es la probabilidad de que determinado hecho se logre o no se logre. Por un lado, tenemos la probabilidad de ganar y, por el otro lado, la probabilidad de perder. **Los emprendedores nos lanzamos a la idea con la expectativa de ganar, pero no debemos perder de perspectiva la posibilidad de perder.**

¿Cuánto estamos dispuestos a perder? La meta debe ser reconocer los riesgos y trabajar para minimizarlos (por ejemplo; minimizar los gastos) y mantenernos enfocados en el objetivo propuesto. Siempre conscientes de que **tenemos que actuar**.

Imagina que tienes una linterna alumbrando desde lo alto de una montaña y que esa luz te ayudará a ver la superficie en la que aterrizarás de modo que puedas prepararte para el lanzamiento. La linterna te ayudará a identificar el equipo que necesitarás para la travesía. Si la distancia es de 100 pies, tal vez necesites un paracaídas pero si la distancia es tan corta como un escalón de cinco pulgadas, bastará con dar un paso sin necesidad de artefactos adicionales. Si no miramos primero, nunca lo sabremos.

A esa linterna le llamaré planificación y considero que es imprescindible comenzar primero con la planificación de nuestra vida personal como parte integral de la planificación del negocio.

Riesgos vs. Recompensas

Riesgos familiares

He observado repetidamente en mis clientes y estudiantes cómo el aspecto familiar logra impactar significativamente el éxito o el fracaso de sus emprendimientos. Tanto es así, que el tema de los negocios de familia es estudiado, por sí solo, como una especialidad dentro del empresarismo. Todavía recuerdo un caso particular, cuando recién comenzaba como consultora de negocios en los programas de SBDC. El próximo cliente citado era una joven mujer que tan pronto se sentó en mi escritorio y antes de saludarme y de decirme su nombre me dijo:

—De lo único que estoy segura es que mi marido se va a divorciar de mí cuando yo monte este negocio.

Cuidado con lo que dices porque se puede cumplir, pues así mismo fue. La mujer estableció exitosamente su negocio; meses después, fui a visitarla en su tienda y cuando le pregunté por su esposo, adivina lo que me dijo:

—Me divorcié.

¿Por qué hago esta historia? Porque el aspecto familiar puede estar en riesgo cuando emprendemos un negocio y, por lo tanto, es importante cuidar de él. Lo primero que debemos considerar es: ¿Cómo podría afectarse tu núcleo familiar si uno o varios miembros de tu familia decidieran convertirse en emprendedores? Para mi familia, esta decisión ha sido muy positiva pues mi esposo decidió también trabajar por su cuenta y hace aproximadamente cinco años que manejamos un negocio de producción musical comercial desde nuestra casa. Hemos procurado mantener nuestra relación matrimonial balanceada con nuestra relación de negocios. ¿El secreto? Poner la familia como nuestra prioridad y lograr que la comunicación sea constante.

Comenzar cualquier proyecto nuevo requerirá que le dediques tiempo para desarrollarlo. Muchas veces, ese tiempo podría interferir con tu rutina familiar por lo que recomiendo que tomes en consideración este importante aspecto. La naturaleza de los negocios que manejo requiere que mi esposo o yo viajemos al exterior o que trabajemos largas horas algunas noches y fines de semana, ya sea ofreciendo conferencias o en producciones artísticas. Estos días son tradicionalmente los que la mayoría de las familias toman para compartir o entretenerse. Esto podría parecer conflictivo para muchas familias, sin embargo, nuestra realidad es que si bien es cierto lo anterior, no es menos cierto que gozamos de una flexibilidad de tiempo que nos permite disfrutar de las actividades escolares de nuestros niños. Siempre que podemos llevamos a nuestros niños a las actividades de la empresa y ellos disfrutan muchísimo poder acompañar a mamá y papá a su trabajo. Ocasionalmente, buscamos el apoyo de las abuelas u otros familiares y lo más importante es que aprovechamos al máximo los días y momentos en los que no estamos trabajando para dedicarnos calidad de tiempo. Cuando no tienes un jefe que te exige, ni un reloj de control de asistencia para constar tu hora de entrada y salida, es tu deber establecerlas. Podemos caer en la trampa de trabajar y trabajar sin parar porque nos apasiona nuestro trabajo y entonces ahí podemos comenzar a crear problemas familiares. En muchas ocasiones, nuestros días libres son los lunes y mi esposo y yo disfrutamos muchísimo de ir de compras o a comer fuera sin filas ni mucha espera ya que la mayoría de las personas está en su trabajo en ese momento. Esa es una maravillosa recompensa para mí. Es importante que tengas muy claras tus prioridades y las compartas con tu familia. Mi mensaje para ti es que no importa lo que hagas en tu negocio jamás sacrifiques el tiempo de tu familia. Es posible que este tiempo sea distinto al de otras familias, pero no hay ninguna razón para no honrarlo.

Es tu deber establecerte un control de asistencia para constar tu hora de entrada y salida.

Riesgos profesionales

Al reflexionar sobre el aspecto profesional, no puedo evitar pensar en el juego de mesa *Life*. ¿Lo has jugado? Este juego se basa en el paseo por la vida donde viajas en un carrito de color por el tablero. En el transcurso del viaje vas tomando decisiones importantes. Te casas, tienes hijos, te endeudas y hasta compras tu primera casa. Al final del juego, luego de pagar las deudas y las bodas de todos tus hijos, si logras terminar con más posesiones, serás el ganador. La primera decisión que tienes que tomar en el juego es qué camino profesional tomarás: ¿estudiarás para tener una carrera profesional o escogerás un oficio para comenzar a trabajar inmediatamente?

Recuerdo que estaba en la escuela superior cuando tuve que tomar esta importante decisión. Yo escogí los estudios universitarios para luego desempeñar la carrera profesional a la que me dedicaría el resto de mi vida. Le dije a mi madre que estaba preocupada porque ya se acercaba la fecha para ingresar a la universidad y todavía no sabía lo que deseaba estudiar. Ella, muy sabiamente, me dijo que pensara en qué ambiente de trabajo me gustaría estar todos los días. De niña me fascinaban las artes, tomé clases de piano desde los cinco años y me fascinaban los recitales, siempre procuraba participar en las obras escolares, especialmente cantando. La música, el baile, el drama, el público... ¡qué pasión! Sin embargo, cuando mi madre me hizo la pregunta, lo primero que vino a mi mente fue un edificio muy alto en el centro de Santurce (meca corporativa de Puerto Rico en aquel momento) en una oficina muy grande y lujosa. ¡Qué gran confusión! Al momento de ingresar a la universidad, me dejé llevar por mis pasiones y solicité admisión a la Universidad de Puerto Rico, en la Facultad de Humanidades con la idea de estudiar arte dramático; me aceptaron. En mi primera semana como universitaria asistí a una orientación para estudiantes nuevos donde conoceríamos las oportunidades laborales de las demás facultades del recinto. Cuando le llegó el turno de exponer al representante de la Facultad de Humanidades sentí una gran emoción. No recuerdo su nombre, pero sus palabras jamás podré olvidarlas, aquel elegante caballero nos dijo:

—A todos los que están aquí en la Facultad de Humanidades, prepárense para estar toda su vida en la fila del desempleo, si usted quiere ganar dinero entonces cámbiese a la Facultad de Administración de Empresas.

Al día de hoy no sé si agradecerle sus palabras o no, pero lo que sí sé es que en ese momento me entró el frío olímpico y me dije a mí misma: "**Yo no vine a estudiar aquí para vivir en la fila del desempleo, así que yo me cambio para la Facultad de Administración de**

Empresas". Comencé a tomar mis clases administrativas hasta que encontré, en la rama del mercadeo, una interesante combinación de arte y ciencia que me agradó. No pasó mucho tiempo en lo que me convencí de que lo que me convenía para poder sobrevivir era una carrera corporativa. Lo vi muy claro, sería gerente o supervisora y seguiría escalando hasta llegar, tal vez, a ser CEO (principal oficial ejecutiva) de una importante compañía. "**Ahí están las oportunidades de ascenso, los reconocimientos y el mayor potencial de generar dinero**" —pensaba yo. Sin embargo, y aunque no me quejo de los empleos que he tenido, cuando llegué a la realidad laboral, me topé con que esas oportunidades no estaban necesariamente disponibles para todo el mundo. Lamentablemente, a veces los títulos universitarios, la inteligencia y la productividad no son suficientes atributos para obtener esos ascensos.

En ocasiones, mi iniciativa, creatividad y personalidad interfirieron con los estilos de algunos de mis supervisores y eso me causaba mucha frustración. Cuando analicé mi aspecto profesional encontré que estoy dispuesta a arriesgar todo el prestigio de un "buen puesto gerencial" con todos los beneficios marginales que pudiera ofrecer, para convertirme en mi propia jefa, controlar mi tiempo y crear mis propios proyectos. Estos aspectos son suficiente motivación para arriesgar las posibles oportunidades de ascenso laboral que un puesto ejecutivo me puede ofrecer.

Por cierto, lo acabo de hacer. Hace exactamente cuatro años nuestro negocio familiar se vio muy afectado económicamente, a tal grado, que tuvimos que decidir que yo regresara al mundo laboral —luego de haber estado ocho años trabajando por mi cuenta— en lo que el negocio familiar se estabilizaba. Por suerte, encontré un interesante empleo en la emisora de radio WOSO 1030 AM, que me ofreció oportunidades increíbles de usar mi creatividad, un jefe excelente, buenos colegas y hasta tenía cierta flexibilidad de tiempo. En fin, el trabajo perfecto. Pero la mente no me dejaba tranquila pensando que había un sueño de emprendedora que tenía que seguir y me lancé nuevamente. Recuerdo que Luis, uno de mis compañeros de trabajo y amigo, me decía:

—Tú estás loca, no tienes que dejar lo que tienes aquí para lanzar tu proyecto.

Pero yo quería vivir la aventura emprendedora primero para poder luego contar mi historia. Estoy convencida de que la vida puso esa experiencia como una prueba en mi camino para proveerme otras herramientas que necesitaba, porque ahí nació mi primera producción radial y unos contactos maravillosos que me han apoyado en la realización de mi proyecto y en el crecimiento de nuestro negocio como productores musicales.

A veces pienso que estoy loca y que tal vez estoy pasando demasiado trabajo para perseguir mi sueño, cuando podría estar muy cómoda en un horario fijo, con un sueldo seguro, plan médico, vacaciones y mucho más. Muchas veces he flaqueado, pero cuando analizo la situación y veo que tengo libertad creativa y control de mi tiempo —lo que me permite compartir en familia— me doy cuenta de que es suficiente motivación para continuar en el camino. No niego que es una tarea ardua pero estoy dispuesta a caminarla.

Riesgos psicológicos

Asumir la responsabilidad total de un negocio o de cualquier aspecto de la vida puede representar una situación estresante para cualquier persona. En el proceso te pueden comenzar a surgir interrogantes relacionadas con tu seguridad económica, especialmente si has estado empleado y estás acostumbrado a recibir un ingreso "fijo" en determinado período de tiempo, que te ofrece cierta seguridad para cumplir con las responsabilidades personales y familiares. No cabe duda de que esta y otras situaciones podrían afectarnos psicológicamente. Uno de los factores que más acelera los traumas psicológicos y que puede causarnos muchísima ansiedad es el miedo. Miedo a la crítica, al éxito, a la responsabilidad y al fracaso, entre otros. Algunas preguntas que podrían llegar a tu mente son: ¿seré capaz de obtener dinero suficiente trabajando por cuenta propia? ¿Venderé lo suficiente? ¿Me pagarán los clientes a tiempo? Tener una familia que mantener puede ser causa de ansiedad para cualquier persona.

¿Cómo lo afrontamos? Necesitamos estar balanceados emocional y psicológicamente. Es importante que seamos conscientes de nuestras responsabilidades, pero no para estresarnos sino para prepararnos y planificar. El riesgo no tiene que tomarse todo de una sola vez. Recuerda, los emprendedores toman riesgos calculados.

Una herramienta que me ha funcionado es afrontar el miedo para luego destruirlo. ¿Cómo? Escribiendo todo lo que me preocupa y luego identificar de qué manera lo puedo resolver. Al final, habrás trazado un plan de acción. Tal vez puedes comenzar el negocio a tiempo parcial mientras trabajas como empleado. En el proceso, puedes considerar usar un profesional de la salud emocional para que te guíe. Lo importante es entender que todo problema tiene solución, pero tienes que afrontarlo para resolverlo.

El riesgo no tiene que tomarse todo de una sola vez. Los emprendedores toman riesgos calculados.

He modificado algunos hábitos que me provocaban estrés y los he transformado para manejar mis ansiedades. Un ejemplo es que acostumbraba ver el noticiero antes de dormir y con tantas malas noticias me levantaba muy preocupada. Decidí cambiar ese hábito y lo sustituí por leer un libro edificante, ya sea espiritual, educativo o de autoayuda antes de dormir. Este hábito no solo me ha ayudado a dormir mejor, sino que las lecturas que escojo me ofrecen herramientas para crecer personal y profesionalmente. Como ves, existen varias formas de manejar los riesgos psicológicos. En mi caso, saber que estoy en control de mi tiempo y de mi dinero son recompensas suficientes para asumir los riesgos psicológicos.

Riesgos financieros

Me atrevo a decir que el riesgo financiero es uno de los más temidos. Nos arriesgamos a emprender para ganar dinero, pero sabemos que el riesgo también implica que podemos perder. Para un empleado no debe ser fácil dejar un sueldo seguro para aventurarse a encontrar el potencial ilimitado de una empresa propia. Después de todo, dice el refrán, "Más vale pájaro en mano que cien volando".

Sin embargo, esa sensación de seguridad podría impedir que veas otras posibilidades. ¿Has pensado alguna vez que tu seguridad económica en un empleo depende de las circunstancias económicas de tu patrono? ¿Alguna vez has pensado en la posibilidad de ganarte un aumento de sueldo única y exclusivamente por tus méritos y no por las políticas de ascenso de tu empresa? Las buenas noticias son que estudios de la *Small Business Administration* revelan que las personas que trabajan por su cuenta generan un ingreso promedio de $12,000.00 más por año que los empleados que realizan esa misma labor como asalariados. Por ejemplo, piensa en la profesión de plomería . La probabilidad de que un plomero que trabaje por cuenta propia genere más dinero que los que trabajan como empleados asalariados es más alta. Muchas veces los asalariados solo ganan el sueldo mínimo.

¿Has visto la película *The Matrix* con Keanu Reeves? Si no la has visto, te la recomiendo. En ella, se muestra que el mundo como lo vemos es solo una ilusión, es un programa de computadora que te permite escoger el rol que quieres tener en tu vida. Es como si el mundo fuera una película y nosotros, los actores. Si observas bien a tu alrededor, tal vez esa película no está tan fuera de la realidad. ¿Cuál puede ser un riesgo de trabajar por cuenta propia? Cuando tenemos un empleo, ajustamos nuestro nivel de vida al salario devengado, por lo que nuestro estilo de vida depende única y exclusivamente de ese cheque mensual. ¿Cuál es la recompensa? Cuando emprendemos un negocio, determinamos el nivel de vida que deseamos alcanzar y trabajamos hacia la meta. Para minimizar el riesgo es posible que tengamos que modificar nuestro estilo de vida.

Riesgos espirituales

Independientemente de las religiones, seas creyente o no, la realidad es que los seres humanos somos seres espirituales, compuestos de cuerpo y alma. De la misma manera que alimentamos nuestro cuerpo físico, debemos también alimentar positivamente nuestro espíritu.

Más allá de la ética y la responsabilidad social, la espiritualidad nos ayuda a ver la empresa como algo más que una manera de ganar dinero y más como una forma de lograr nuestra misión o propósito de vida. Créeme, si fuera solamente por el dinero hace tiempo que yo hubiera enganchado los guantes. En la búsqueda de mi yo espiritual he aprendido que el dinero nos llega como resultado de nuestro empeño y de la pasión por lo que hacemos, el dinero no debe ser la causa de nuestro trabajo, sino el efecto.

La espiritualidad nos permite encontrarle un sentido a las acciones y a los sacrificios y nos motiva a trabajar con fuertes convicciones de éxito. Cuando somos conscientes de nuestro propósito y trabajamos para lograrlo, podemos entender el impacto que tiene cada acción. Eso nos permite enfrentar los retos del diario con positivismo y alegría y entender que son herramientas de enseñanza y crecimiento. Detrás de cada historia de éxito, hay varias historias de fracaso. Es importante ver esos fracasos como oportunidades para aprender y levantarnos para encontrar nuevos caminos.

Pensar que no estamos solos y que tenemos una responsabilidad con el bienestar de las personas a nuestro alrededor nos ayuda a manejar el materialismo. Puedo asegurarte que la búsqueda y el cultivo de mis valores espirituales han sido los responsables de que yo esté escribiendo este libro hoy. Cada mañana acostumbro realizar una meditación donde pido a la Luz Creadora que me dé la fortaleza para enfrentar mis miedos y mis inseguridades y saber cómo lidiar con las personas negativas que a veces, sin darse cuenta, me hacen flaquear a la hora de tratar de alcanzar mis sueños. Le pido que me ayude a recibir bendiciones que me permitan bendecir a otros. Cada noche le doy gracias por los logros y los fracasos y pido dirección para saber quitar de mi camino todo aquello que no me permite cumplir con mi propósito y ponga en mi camino todo aquello que sí contribuya a lograrlo. Procura conectarte con esa parte de la vida y alcanza el balance personal al 101%.

Del sueño a la idea: ¿Qué te mueve?

Anteriormente hablé del sueño. Todo comenzó con un sueño. ¿Lo has escuchado antes? Donald Trump, el millonario magnate, aconseja en sus afamados libros: Nunca desistas de tus sueños. Walt Disney, el gran caricaturista, soñó con un parque temático para toda la familia. Bill Gates, el responsable de la revolución tecnológica, soñó que cada hogar del mundo tendría una computadora. Mark Zuckerberg, uno de los millonarios más jóvenes del mundo y fundador de la red social *Facebook*, soñó con comunicarse con los estudiantes de su universidad, Harvard, y hoy día tiene acceso a casi todos los habitantes de la Tierra.

Diariamente, millones y millones de sueños en todo el planeta se convierten en ideas o conceptos de negocio. He tenido muchos sueños, muchos se han cumplido, otros no. Soñé que algún día escribiría un libro que ayudaría a las personas a encontrar su éxito. Muchas veces ni me atreví a comenzarlo. Me decía a mí misma "¿Con qué derecho, si todavía no he conseguido el mío?, ¿qué ejemplo voy a dar?" ¿Cuántas veces te cierras las puertas tú mismo?

La mayoría de las personas a quienes les he preguntado
—¿Qué necesitas para emprender tu propio negocio? me contesan:
— ¡Dinero!
—¿Qué te gustaría emprender?
—No sé, tengo que buscar una buena idea.

¿Cómo encontrar esa idea?

El primer paso es soñarla. Las ideas se forman en la mente y comienzan con un sueño. Hay toda una revolución en cuanto a la manera en que la mente influye sobre nuestra realidad material. El libro *The Secret* de Rhonda Byrne es uno de tantos en el tema.

Poseer una mentalidad positiva es lo que distingue a los emprendedores.

Me parece que no es casualidad que dentro de las características que distinguen a los emprendedores, poseer una mentalidad positiva es de las más prominentes. El sueño de cada uno será totalmente distinto e individual. Los sueños deben basarse en las cosas que te apasionan, te gustan y te mueven.

A mí me mueven mis hijos, mi familia, la satisfacción de que otros logren sus metas, la flexibilidad de tiempo, el sentido de libertad y la oportunidad de crear.

Cada proyecto empresarial que emprendas comienza con un sueño pero, como bien lo dijo Calderón de la Barca, "los sueños,

sueños son" y los bancos no le prestan dinero a los sueños, sino a las ideas viables de negocio, o sea, a las ideas de negocio con potencial para generar dinero. Entonces, ¿para qué nos sirve el sueño? El sueño sirve para que cada vez que te encuentres con una resistencia en el camino: el gobierno, los clientes, los bancos, tu familia, la crítica y demás, te agarres de él muy fuertemente y te motives a seguir adelante, a no desistir de tu meta, a lanzarte y *EmprendeSer*.

Si todavía no conoces tu sueño, te invito a soñar por unos minutos antes de lanzarte a emprender. Todos los demás pasos serán más fáciles si completas este paso primero. Para mí, identificar el sueño fue la puerta más importante que se abrió hacia la realización, después de largos años de trabajar únicamente con razonamiento y teorías. El razonamiento y los tecnicismos son importantes, pero no son con lo único que debes trabajar. Ésta es una herramienta sumamente poderosa que te aclarará el camino hacia tu rumbo empresarial.

 Ya tienes estas herramientas:

- Los pasos para trazar tu camino en el proceso empresarial.
- Los riesgos que pueden presentarse cuando decides emprender.
- Las recompensas de asumir los riesgos.
- Las estrategias para encontrar el balance al 101% en tu vida.
- El secreto de los emprendedores de éxito: el sueño.

Ahora estás listo para reconocer a tu ser emprendedor y aplicar lo aprendido. Para que la semilla de *EmprendeSer* comience a germinar, es importante completar los ejercicios a continuación. Al finalizarlos, estarás preparado para trabajar con tu ser creativo y encontrar la idea de negocio ideal para ti.

Estos ejercicios te ayudarán a determinar dónde estás en el proceso empresarial para que comiences a desarrollar tu plan de trabajo hacia el éxito.

Ejercicio 1: Conociendo mis destrezas empresariales

Contesta según la escala del 1 al 5 (donde el 1 es nunca y el 5 es siempre)

	Nunca	Casi nunca	A veces	Con frecuencia	Siempre
	1	2	3	4	5

Estoy dispuesto, decidido y comprometido a completar lo que comienzo a pesar de las circunstancias:

Determinado　　　1　　2　　3　　4　　5

Acostumbro a no desistir, sigo intentando hasta alcanzar mi objetivo:

Perseverante　　　1　　2　　3　　4　　5

Controlo mi comportamiento sin necesidad de que terceras personas me lo soliciten:

Autodisciplinado　　1　　2　　3　　4　　5

Tengo habilidad para inventar, crear y aportar nuevas ideas:

Creativo　　　　　1　　2　　3　　4　　5

	Nunca	Casi nunca	A veces	Con frecuencia	Siempre

Puedo establecer y practicar maneras para alcanzar resultados productivos:

Organizado   1   2   3   4   5

Me relaciono fácilmente con la gente y lo disfruto:

Sociable   1   2   3   4   5

Puedo determinar los métodos para alcanzar los objetivos:

Independiente   1   2   3   4   5

Valoro, aprecio y respeto mi ser y mis habilidades:

Seguro de mí mismo   1   2   3   4   5

Me animo y me impulso a tomar acción sin ayuda externa:

Automotivado   1   2   3   4   5

Me lanzo y aventuro en las cosas que decido emprender:

Arriesgado   1   2   3   4   5

Tengo la habilidad de esperar mucho tiempo por algo sin desesperarme:

Paciente   1   2   3   4   5

Me animo a moverme cuando logro u obtengo algún resultado:

Motivado por los logros   1   2   3   4   5

Veo el lado más favorable en las cosas y las personas:

Optimista   1   2   3   4   5

Identifica 3 de tus características empresariales más fuertes
(las que obtuvieron 4 o más):

1) _____

2) _____

3) _____

Reflexiona:
Tomo conciencia de mis características empresariales y reconozco que son
pilares para brillar en mi camino como emprendedor.

Identifica 3 de tus características empresariales más débiles
(las que obtuvieron 2 o menos):

1) _____

2) _____

3) _____

Reflexiona:
Tomo conciencia de mis características empresariales más débiles
y me comprometo en los próximos seis meses a trabajar para fortalecerlas
o a identificar personas con estas características que puedan unirse a mi equipo de trabajo.

Ejercicio 2: Conociendo mis destrezas administrativas y gerenciales.

Anota en la escala del 1 al 5 cuán desarrolladas se encuentran tus destrezas gerenciales y administrativas, tomando en cuenta que las pudiste haber adquirido trabajando como voluntario o durante tu vida escolar.

	Ninguna experiencia	Muy poca experiencia	Alguna experiencia	Bastante experiencia	Experto
Presupuesto:	1	2	3	4	5
Organización:	1	2	3	4	5
Supervisión:	1	2	3	4	5
Servicio al cliente:	1	2	3	4	5
Compras:	1	2	3	4	5
Ventas:	1	2	3	4	5
Relaciones públicas:	1	2	3	4	5
Registros de contabilidad:	1	2	3	4	5
Coordinación:	1	2	3	4	5
Publicidad:	1	2	3	4	5
Liderato:	1	2	3	4	5
Planificación:	1	2	3	4	5
Impuestos:	1	2	3	4	5
Comunicaciones:	1	2	3	4	5

Identifica 3 de tus características gerenciales más fuertes
(las que obtuvieron 4 o más):

1) _____

2) _____

3) _____

Reflexiona:
Tomo conciencia de mis características gerenciales y reconozco que son
pilares para brillar en mi camino como emprendedor.

Identifica 3 de tus características gerenciales más débiles
(las que obtuvieron 2 o menos):

1) _____

2) _____

3) _____

Reflexiona:
Tomo conciencia de mis características gerenciales más débiles
y me comprometo en los próximos 6 meses a trabajar para fortalecerlas
o a identificar personas con estas características que puedan unirse a mi
equipo de trabajo.

Ejercicio 3: Mis destrezas técnicas

Escribe tres destrezas técnicas con las que cuentas y que pueden ser útiles para emprender ideas de negocios. Ten en cuenta que las pudiste haber adquirido en experiencias de trabajo o negocio, en cursos que tomaste o las heredaste de tu familia (Ej.: recetas). Estas destrezas pueden incluir:

a) pasatiempos (Ej.: pintar, cocinar, coleccionar, jardinería)

1. _____

2. _____

3. _____

b) habilidades (Ej.: artísticas, manuales, comunicación, construcción)

1. _____

2. _____

3. _____

c) idiomas o programas de computadora que dominas

1. _____

2. _____

3. _____

Reflexiona:
Tomo conciencia de que cuento con unas destrezas técnicas que pueden servirme de base para emprender ideas innovadoras de negocio.

Ejercicio 4: En busca del balance personal al 101%: Riesgos vs. Recompensas

Este ejercicio te ayudará a prepararte para trabajar, mantener tu balance personal y encaminarte a vivir tu sueño. Piensa en esas áreas de tu vida que representarían algún riesgo para ti y cómo puedes minimizarlo. Tómate el tiempo y espacio que consideres necesario para reflexionar profundamente sobre los temas. Siempre puedes regresar a este ejercicio y hacer los ajustes que consideres necesarios.

¿Qué aspectos de tu vida estás dispuesto a arriesgar si decides emprender tu propia empresa?

_____

_____

¿Cómo podrías minimizar ese riesgo?

_____

_____

¿Son las recompensas lo suficientemente fuertes como para asumir los riesgos?

_____

_____

¿Qué actividades puedes realizar para contrarrestar los riesgos? ¿Qué libros puedes leer y a qué talleres y seminarios puedes asistir para equiparte con las herramientas necesarias para manejar las situaciones imprevistas?

_____

_____

¿Cómo cambiaría la rutina familiar si decides emprender un negocio?
¿Qué papel desempeñará cada miembro de la familia en la empresa?
¿Con qué personas cuentas? ¿Quiénes te apoyan y quiénes no? cómo familia,
¿Qué cosas están dispuestos a sacrificar? ¿Cuentas con el apoyo de tu pareja?

La siguiente tabla te ayudará a comparar entre ser emprendedor
o ser empleado. Escribe tres riesgos (lo que podrías perder) y tres
recompensas (lo que podrías ganar) para cada uno de los cinco aspectos.

Aspecto	Riesgos	Recompensas
Familiar	1. 2. 3.	1. 2. 3.
Profesional	1. 2. 3.	1. 2. 3.
Psicológico	1. 2. 3.	1. 2. 3.
Espiritual	1. 2. 3.	1. 2. 3.
Financiero	1. 2. 3.	1. 2. 3.

Ejercicio 5: Es tiempo de soñar

¿Cuál es tu sueño? ¿Alguna vez te has atrevido a soñar sin límites, sin ponerle costo, tiempo ni otras limitaciones? ¿Cuántas veces al día acostumbras a soñar? Haz este ejercicio cuantas veces quieras....

Piensa:

"Si no existiera ninguna escasez ni limitación en mi vida, si todo fuera plenitud y perfección en el mundo, si tuviera todo el tiempo y toda la aceptación del mundo, ¿qué sueños haría realidad?"

_____

_____

¿Estarías dispuesto a trabajar por ese sueño aunque no te pagaran? Sí No

Si tu contestación es sí, ¡Felicidades! Has encontrado tu propósito.
Si es no, regresa a este ejercicio hasta que lo encuentres.

Visualiza:

"Mientras visualizo este sueño, lo siento con mis cinco sentidos y lo hago cada vez más grande, más grande y más grande. ¡Veo los rostros de satisfacción de millones de personas que se impactan positivamente con la creación de mi sueño!"

Reflexiona:

"Sé cuál es mi sueño y me comprometo conmigo mismo a trabajar hasta lograrlo."

FASE 3

Permite que tus ideas germinen

En busca de ideas para
EmprendeSer

El Diccionario Vox de la Lengua Española define una idea como:

una perfección que se encuentra solo en la imaginación; una representación de algo que solo se encuentra en la mente.

Puede ser un concepto literario o artístico, una imagen o un recuerdo. Por lo tanto, el primer paso para encontrar la idea de negocio es comenzar a adiestrar la mente para que pueda ver las oportunidades. Como los emprendedores de éxito, verás las oportunidades primero en ti mismo antes de buscar en el exterior. Para encontrar la idea perfecta para ti, hazte estas preguntas:

¿Qué te apasiona?
¿Qué te gusta?
¿En qué eres bueno?
¿Qué temas te interesan?
¿Cuáles son tus habilidades?
¿Cuáles son tus experiencias?
¿En qué puedes ser el mejor?

Todos nacemos con intereses, destrezas y habilidades que nos hacen únicos. Son como la huella dactilar y están alineados con nuestro propósito. Lo que cambia es la manera en que se manifiestan en el mundo. La buena noticia es que puede haber muchas maneras en las que tu propósito se puede alinear con tu idea única de negocio. Lo importante es saber que la decisión de lanzarte y emprender es solo tuya y totalmente voluntaria. No todos tenemos que ser emprendedores, hay algunos cuyo propósito se cumple dentro de sus empleos, eso está perfecto. Esas personas serán pilares importantes para que, junto a los emprendedores, logren impactar y contribuir a este mundo.

Muchas ideas exitosas de negocio comen- *Busca las oportunidades*
zaron como extensiones de otros negocios, *primero en ti mismo antes*
personas que comenzaron como empleados y *de buscarlas en el exterior.*
al estar expuestos a información de sus respectivas industrias, identificaron una oportunidad. Algunos ejemplos son atender un grupo de clientes que a su patrono no le interesa atender o que no le representa ganancia significativa. Otro ejemplo es ofrecer servicios financieros dirigidos a grandes corporaciones que pueden ser adaptados para negocios pequeños.

Me gustaba un programa que se transmitía por el canal televisivo CNBC llamado *The Big Idea*. Recuerdo que en una ocasión entrevistaron a un joven que trabajaba en el departamento de mercadeo de una compañía que fabricaba productos de refrigeración. Por la naturaleza de su trabajo, tenía acceso a muchísimos estudios. Uno de estos estudios presentaba cifras sobre el aumento de personas con enfermedades respiratorias y alérgicas; eran millones de personas en los Estados Unidos. El joven comenzó a investigar sobre productos fabricados con materiales antialérgicos. Ese fue el principio de la creación de una compañía de ventas por catálogo especializada en esos productos. Su línea incluye ropa, juguetes, detergentes, ropa de cama y demás.

¿Te has tropezado alguna vez en tu trabajo con información que tu compañía no está aprovechando y que podría ser el principio de una oportunidad de negocio?

¿Puedes identificar problemas que necesitan solución y tu compañía no tiene el poder de hacerlo? ¿Cómo podrías resolver el problema? Muchas ideas de negocios han nacido de estas preguntas.

Otro ejemplo es el servicio de facturación médica. Los médicos están muy ocupados atendiendo a sus pacientes y necesitan ayuda a la hora de facturar a los planes médicos. Por otro lado, piensa en cómo podrías eliminar las largas horas de espera en las salas de emergencia. ¿Se te ocurre alguna tecnología o tal vez un proceso nuevo? ¿Sabías que en los Estados Unidos existen negocios de consultoría especializados en evaluar los servicios médicos para identificar cómo minimizar el tiempo de espera de los pacientes y maximizar la productividad de las oficinas médicas? ¿Qué otra idea se te ocurre para este sector? Las preguntas correctas son clave para identificar oportunidades que podrían convertirse en excelentes ideas de negocio.

Los negocios tienen que reinventarse todo el tiempo para ser competitivos.

De ahora en adelante comienza a desarrollar un radar mental para las ideas y ponlo en función. El proceso de creación de ideas no se limita al inicio de un negocio. Los negocios establecidos tienen que reinventarse todo el tiempo para ser competitivos. Es importante establecer un proceso dinámico y evitar la comodidad. Tan pronto te sientes cómodo algo está fallando en el negocio. El mundo no es estático y tampoco los negocios. Los negocios son como una aventura en un parque de diversiones con sus grandes atracciones, mientras más curvas, alturas y vueltas tenga, más emocionados salimos y más se estimula la adrenalina.

Desarrolla tu habilidad para crear

Me parece oportuno hablar sobre algunas técnicas para ayudarte a desarrollar tu creatividad. Todos nacemos con la capacidad de crear, unos con más aptitud que otros; está en nosotros desarrollar nuestro potencial creativo.

Los siguientes consejos pueden ser de gran ayuda para ejercitar tu mente creativa.

1. **Establece una cuota mínima de ideas nuevas** que inventarás diariamente. Cuando haces las cosas a consciencia logras crear la disciplina necesaria para integrar nuevos hábitos en tu vida. Puedes comenzar por retarte e identificar tres ideas nuevas la primera semana. Si fallas un día, continúas el próximo, lo importante es que puedas identificar tres ideas nuevas en una semana. Identifica una hora del día donde tomes cinco minutos para este ejercicio. Un buen momento es en la ducha.

2. **Prepara tus antenas.** No es lo mismo ver que mirar; debes adiestrar tu mente a ver y a observar, no solo a mirar. A veces pasas por el mismo lugar todos los días y no te das cuenta de que han establecido negocios nuevos o han cerrado negocios de muchos años, tampoco ves que ya no caminan los mismos niños por la calle. Muchas oportunidades de negocio surgen por dedicarte a ver en vez de mirar.

3. **Despégate de la rutina.** La creatividad debe ser espontánea, adiéstrate. Ocasionalmente, levántate o acuéstate a distintas horas a propósito; visita lugares que nunca has frecuentado. Toma una ruta alterna de camino al trabajo o prueba un plato de comida diferente. Desprograma la mente intencionalmente.

4. **Dale vitamina a tu mente.** Tu mente necesita nutrición. Crea el hábito de leer diariamente, busca temas relacionados con la creatividad, ideas de negocios o algún tema que necesites aprender y fortalecer como, por ejemplo, técnicas de ventas y mercadeo con poco presupuesto.

5. **Comienza una libreta de ideas.** La neurociencia habla de la conexión directa entre la acción y la realización. Al escribir las

ideas, activas el cerebro y lo programas hacia la materialización de las ideas. Escribe tus ideas en una libreta específicamente para este propósito. Comprométete contigo mismo a tomar responsabilidad de tus deseos y tus acciones.

6. **Pajarea**. También se le conoce como "novelerear", que significa salir a pasear sin ningún propósito en específico, sino el de disfrutar de lo que esté pasando en el momento. Es el momento idóneo para ver en vez de mirar y observar las cosas desde distintos ángulos. Puedes pajarear en un centro comercial, en el parque o en la playa.

7. **Prepara la lista de necesitado**s. Tienes muchas ideas, pero da un paso adicional. Haz una lista de todas las posibles personas que pueden necesitar esta idea. Dale utilidad a tus ideas. En este paso no tengas límites, una misma idea puede ser utilizada por niños, adultos, ricos o pobres, en San Juan, en China, en los hospitales, en el Departamento de la Policía, en la industria farmacéutica o en la automotriz. Lo importante es identificarlos y luego escribir brevemente por qué lo necesitan.

8. **Comparte las ideas.** Las ideas son solamente ideas y para convertirlas en negocios hace falta desarrollarlas. Al compartir tus ideas permites que otras personas las complementen. Estás abriendo un canal de comunicación que permitirá que tu idea madure hasta que logre convertirse en un concepto concreto con el que puedes trabajar. Tal vez no tengas que detallar la idea en su totalidad, puedes hasta cambiarle el nombre, pero no te limites a preguntar si la usarían, qué opinan de ella y si conocen algo similar.

Un mundo de oportunidades

Debes tener varias ideas en tu cabeza, ahora el siguiente paso es comenzar a desarrollar esa idea. Los emprendedores identifican fácilmente las oportunidades de negocio y logran emprender porque trabajan por ellas. La confianza en su intuición los ayuda a crear, innovar y transformar. Todos podemos desarrollar técnicas que nos ayuden a encontrar oportunidades. La manera de lograrlo es haciendo las preguntas correctas. Los siguientes pasos te guiarán por el proceso de desarrollo de ideas.

Paso 1: Identifica las oportunidades

¿Qué está pasando en la industria?

La industria automotriz, por ejemplo, está sufriendo por causa de los altos costos de la gasolina. Es la oportunidad perfecta para desarrollar vehículos que funcionen con otro tipo de energía como los carros eléctricos y de vapor. En general, casi todas las industrias están en busca de alternativas que les ayuden a reducir gastos.

¿Qué está pasando en la economía?

Estamos viviendo los momentos más retadores en la economía mundial desde la Gran Depresión de la década de 1930. Las personas están buscando consumir productos que añadan valor a su diario vivir, están buscando ahorrar, desean adiestrarse y mantener la salud. Los que tienen una mente emprendedora logran transformar el caos para convertirlo en el mejor momento para desarrollar ideas innovadoras de negocios.

¿Cuáles son las tendencias?

La definición de tendencia es identificar hacia dónde se dirige la industria o el mercado. Algunas tendencias incluyen la proliferación de negocios en Internet o productos digitalizados tales como los blogs, los libros electrónicos, vídeos por Internet, medios (radio y televisión) en línea y negocios relacionados con la industria verde, como los huertos caseros.

La industria de servicio se ve muy bien aspectada especialmente en el área de la educación, ya que muchas personas están buscando nuevas alternativas que se atemperen con los cambios en la industria laboral a nivel global, así como alternativas para generar ingresos adicionales. Los negocios desde el hogar son otra tendencia que está en crecimiento debido a la necesidad de disminuir los costos de operación y la necesidad de estar más cerca de la familia.

Paso 2: Identifica tu modelo de negocio

Existen muchísimos modelos de negocios. Se conoce como modelo de negocio, la forma o mecanismo por el cual un negocio es diseñado para crear valor y beneficios. Los beneficios pueden ser económicos o sociales. Veamos algunos modelos básicos y ejemplos de los mismos.

Manufactura

En este tipo de negocio se fabrican los productos para su comercialización. En ocasiones, la inversión inicial puede ser alta y establecerlos es un tanto complicado porque requiere el desarrollo de un proceso de producción, equipos, materiales, mano de obra diestra para su producción o ensamblaje y unas instalaciones físicas para fabricar los productos. Estos factores van a depender del tipo de producto y los requisitos de producción. Algunos ejemplos de negocios de manufactura que pueden comenzarse con poca inversión incluyen comestibles tales como salsas y postres artesanales, artesanías y manualidades como joyas que pueden producirse desde el hogar, dependiendo de la zonificación y otros requisitos. Algunos productos que tradicionalmente se fabricaban de manera física pueden producirse por Internet minimizando considerablemente los costos de manufactura y facilitando su distribución. Algunos ejemplos son libros en línea (e-books) y producciones de música, películas y vídeos. Es importante, en este tipo de negocio, asegurar la calidad óptima de los productos fabricados y ofrecer al cliente un apoyo adecuado en términos de servicio y garantía para responder en caso de futuras reclamaciones.

Servicios
Este tipo de negocio conlleva la comercialización de un producto intangible (que no se puede ver ni tocar), generalmente no cuentan con un inventario físico para la venta, por lo que, en su mayoría, los costos iniciales para establecerlo son menores.

Algunos ejemplos de negocios de servicio incluyen los profesionales como consultoría, servicios legales y de contabilidad, diseño, limpieza o cuido. La Internet nos ha facilitado la opción de desarrollar muchos de estos servicios en línea. Podemos vender todo tipo de información por Internet: educativa, científica, de entretenimiento y comunicaciones, por mencionar algunos.

Tuve un estudiante que tomó uno de mis cursos de administración de pequeños negocios con la idea de establecer un vivero de plantas. Recuerdo que estaba en su último año para retirarse como alto ejecutivo de una empresa de manufactura y había tomado anteriormente varios cursos sobre agricultura y huertos caseros por lo que estaba listo para emprender su negocio. Su idea era maravillosa, vendería árboles frutales y ornamentales, equipo y materiales para los aficionados y profesionales de la agricultura. En fin, el vivero más grande y completo en todo Puerto Rico.

Para concretar su idea de negocio, necesitaba una finca grande con mucho espacio en la que pudiera construir una estructura amplia para distribuir la gran gama de productos que deseaba vender. Tendría toda clase de fuentes y varias especies de flores; su ventaja sería la gran variedad de productos y servicios.

Solo tenía un pequeño problema, al calcular la cantidad necesaria para la inversión inicial, resultó que era muy alta para sus circunstancias. No estaba dispuesto a ofrecer su propiedad como colateral y otros factores no le permitían cualificar para solicitar un financiamiento externo. ¿Y ahora qué? ¿Desistir de su sueño?

Luego de analizar sus posibilidades, pudimos identificar una oportunidad. Tal vez no podía establecer el vivero *todavía* pero su conocimiento en agricultura y huertos caseros eran suficientes para ofrecer talleres para enseñar a otros a hacer esos huertos. Le recomendé que comenzara con grupos pequeños de personas y eventualmente aumentara los grupos. Podría ofrecer los cursos en las escuelas, en las compañías, en centros de cuido y hogares de personas de edad avanzada. Las posibilidades eran infinitas. Este es un excelente ejemplo de un negocio que se concibió como un negocio de venta y terminó como un negocio de servicio. Este negocio podría muy bien trasladarse a la Internet y desarrollarse como un *blog*, especialmente para los amantes de la agricultura y la jardinería. También podría ofrecer cursos por Internet y en foros informativos, las opciones eran infinitas.

Cuando comienzas a pensar como emprendedor y buscas más allá de la cajita, logras abrir puertas. Recuerdo su sonrisa cuando pudo ver que ni siquiera necesitaba un préstamo para emprender inmediatamente. Él pudo haberse quedado quejándose de lo injusto que es el gobierno y la banca al no prestarle el dinero y ser víctima de las circunstancias, pero en cambio se comportó como todo un emprendedor y modificó sus metas a medida que fueron cambiando las circunstancias.

Ventas

Dentro de esta categoría se pueden mencionar distintas modalidades. Están los negocios que revenden inventario al consumidor primario o a otros negocios. En este caso, se puede comprar el inventario al costo y luego revenderlo a un precio mayor para obtener una ganancia o puede obtenerse a comisión en la que el vendedor se evita la compra de inventario y, por lo tanto, elimina la inversión inicial.

También existen los negocios de venta directa o las redes de mercadeo en los cuales los fabricantes venden sus productos a través de distribuidores independientes que pagan una cuota inicial para obtener la distribución, los adiestramientos y las herramientas para mercadear los productos a cambio de una comisión. El distribuidor tiene la oportunidad de auspiciar una red de vendedores de quienes genera una comisión o ingreso residual que le permite operar un negocio de ventas por cuenta propia.

Paso 3: Identifica ideas que generen dinero.

El primer secreto para que tus ideas generen dinero es que escojas una idea que te resulte divertida. Mientras más te agrade la idea, más deseos tendrás de realizarla.

Sugiero también que tu idea de negocio sea saludable, lo que implica que debes tomar en cuenta el ambiente en el que se desarrolle. Procura fomentar en tu empresa un ambiente de buenas relaciones, actitud positiva y propósito tanto para ti como para las demás personas en tu equipo de trabajo.

La idea también debe ser productiva, o sea, que genere dinero. ¿Cómo sabemos si una idea genera dinero? Estudia la siguiente fórmula:

[Ingresos] - [Gastos Operacionales] = Ingreso Neto

El ingreso es el resultado de la venta de los productos o servicios que vas a ofrecer. Los gastos operacionales son los desembolsos de dinero necesarios para lograr las ventas. Si realizas una operación matemática sencilla en la cual restas los gastos operacionales de los ingresos, el resultado es el ingreso neto.

Cuando obtienes un ingreso neto positivo (más de $0 dólares), tienes una ganancia. Por otro lado, si el resultado al hacer la operación matemática, es negativo (menos de $0 dólares), se refleja una pérdida.

Por ejemplo, en un negocio de adiestramientos, supongamos que 20 personas pagaron una matrícula de $150.00 por un taller de tres horas de duración. Significa que se generaron ingresos de $3,000.00. ¡WOW! Muy buen ingreso por tres horas de trabajo. Ahora bien, para lograr esta cantidad de ingresos o ventas se incurrieron en los siguientes gastos operacionales:

Gastos Operacionales

Alquiler del salón	**$500.00**
Materiales educativos	**$200.00**
Alimentos	**$700.00**
Promoción	**$500.00**
Conferenciante	**$1,000.00**
Total	**$2,900.00**

Para determinar cuánto dinero ganó este evento sustituimos en la fórmula:

[Ingresos] – [Gastos Operacionales] = Ingreso Neto

[$3,000.00] – [$2,900.00] = $100.00

La ganancia en este ejemplo es de $100.00. Por supuesto, que el negocio necesita realizar más de un adiestramiento para poder subsistir. Evidentemente habría que buscar una manera de aumentar la ganancia, ya sea aumentando el precio, disminuyendo los gastos o aumentando el número de adiestramientos o de participantes.

Este es un ejemplo muy sencillo con el único propósito de mostrar cómo calcular la fórmula. La matemática es solo una parte del proceso, me atrevo a decir que aunque es importante no necesariamente es la más importante.

Una buena idea no siempre es buena idea para establecer un negocio.

La meta debe ser obtener una ganancia y eso se logra aumentando los ingresos y las ventas, administrando los gastos operacionales y manteniéndolos lo más bajo posible sin afectar la calidad del producto o servicio. En este momento, lo importante es recordar que tenemos que trabajar hacia la creación de ideas de negocio que generen dinero.

El haber encontrado una buena idea de negocio, no significa necesariamente que hemos encontrado una buena idea para establecer un negocio. Para convertir una idea en un negocio, la idea debe pasar por varias pruebas. Tenemos que desarrollarla y transformarla en un negocio que genere dinero.

¿Has visto un comercial de televisión o escuchado un comercial de radio? Me imagino que recordarás algunos con más facilidad pues han quedado en tu memoria. Puede que otro haya presentado un mensaje que provocó que salieras a comprar el producto o servicio. No solo eso, sino que te gustó tanto, que lo aprendiste de memoria y lo repetiste a varias personas y, como resultado, influenciaste a esas personas para que lo compraran también. ¿Te parece familiar?

¿Sabes cuánto tiempo duran esos comerciales? Existen varios formatos de tiempo en los medios de comunicación: 15, 30 y hasta 60 segundos, pero los más comunes son los comerciales de 30 segundos.

Piensa: si tuvieras 30 segundos para decirles a otros sobre tu idea de negocio y llevar un mensaje que provoque que esta persona te compre, ¿qué le dirías? ¿Crees que 30 segundos son suficientes para lograr la venta? La contestación debe ser que sí.

Sin embargo, para lograr la venta necesitarás realizar unos gastos para anunciar el producto (el costo de producción del anuncio y el costo de pautarlo en los medios). Este gasto publicitario se realiza con el propósito de estimular la venta de modo que logre generar una ganancia. ¿De qué depende que esa inversión publicitaria logre su cometido de provocar la venta y, por consiguiente, que tu idea genere dinero?

Si el concepto de negocio no está definido, jamás se lograrán los resultados.

Depende del mensaje. El mensaje debe ser interesante para que capte el interés del posible cliente y cree en él la necesidad o el deseo de obtenerlo y que, además, esté dispuesto a pagar por el producto.

El secreto para lograr que el mensaje de 30 segundos sea exitoso es tener un concepto de negocio bien definido. Puedes tener el anuncio más creativo del universo, pero si el concepto de negocio no está definido, jamás se lograrán los resultados.

¿Cómo crear un concepto ganador?

Desarrollando tu idea de negocio tomando como guía los siguientes puntos:

- Enumera las oportunidades que existen en la industria, el mercado y las tendencias para que la idea sea aceptada y patrocinada.
- Define los posibles grupos de personas que estarían dispuestos a invertir en la idea. Todos tenemos gustos distintos; sin embargo, podemos ser influenciados por personas a quienes admiramos o tenemos deseos de imitar.
- Identifica las fuentes de pago y las razones que harán que los clientes te compren a ti y no a la competencia.

❋ Debes tener en cuenta que existen muchas opciones; las personas están bombardeadas constantemente por ofertas y reclamos de cientos de productos y servicios. Para que la idea gane dinero, tienes que identificar lo que hará que los clientes te patrocinen a ti y no a la competencia. En la mayoría de los casos, es solo un factor el que hace la diferencia. ¿Eres más lujoso? ¿Más económico? ¿Más nuevo? ¿Más experimentado?

En mis cursos, los estudiantes forman grupos de 3 o 4 personas con el propósito de desarrollar una idea de negocio utilizando la técnica anterior.

Recuerdo un cliente que deseaba crear un plan médico veterinario. El concepto era perfecto pues las oportunidades en el mercado de Puerto Rico eran muchísimas en ese momento. Existía una industria saludable con gran variedad de oficinas veterinarias, tiendas de accesorios para mascotas y nuestro estudio reflejó que había por lo menos una mascota en cada hogar.

Los amantes de las mascotas se preocupan por la salud de las mismas y las tratan como otro miembro de la familia. Los gastos en servicios veterinarios son sumamente costosos y eso lleva al consumidor a aceptar la propuesta de un plan médico veterinario. Ese cliente sería el único y el primero en establecer el concepto en la Isla. ¿Crees que es un buen concepto?

Según las preguntas de análisis podemos concluir que sí es un buen concepto. Ahora bien, ¿generará dinero? Para poder contestar esta pregunta, hay que desarrollar el concepto e identificar la viabilidad de la idea de negocio. En este caso, se hicieron encuestas con los veterinarios y con los dueños de mascotas para conocer su aceptación.

Si nos hubiéramos conformado con nuestra percepción y hubiéramos obviado las pruebas de viabilidad, nos habríamos topado con una sorpresa que se pudo haber descubierto por adelantado. La idea no resultó viable en el momento porque los médicos veterinarios rechazaron aceptar el plan. La razón principal para su rechazo era la poca confianza que percibían del plan en cuanto a la prontitud con la que recibirían los pagos por sus servicios. En ocasiones, el mercado no está listo para ciertos servicios y productos en determinado momento. En la actualidad, existen varios planes médicos veterinarios, especialmente en los Estados Unidos.

Recuerda que el emprendedor se lanza, pero tomando riesgos calculados; por lo tanto, al realizar el análisis de viabilidad lo que se hace es probar la idea para visualizar de antemano las posibilidades de éxito. Es sumamente importante recordar que el emprendedor toma el riesgo independientemente de tener todas las respuestas. La información es importante para minimizar el riesgo; sin embargo, cuidado con el síndrome del análisis y de la planificación excesiva, podría paralizarte e impedir que vivas tu sueño. Nunca vas a obtener todas las respuestas, algunas respuestas llegarán durante el proceso e irás modificando las metas según las circunstancias.

El síndrome del análisis y de la planificación excesiva, podría paralizarte e impedir que vivas tu sueño.

Tengo un amigo que recientemente estableció un negocio muy innovador por Internet. El mismo consta de una serie de herramientas y seminarios para enseñar a las personas a ganar dinero en Internet. Estuvo por espacio de dos años aprendiendo y conociendo el sistema para poder llevarlo a la acción, mientras tanto, el tiempo corría por lo que no esperó a tener todos los seminarios listos para comenzar a operar el negocio. Estableció un proyecto piloto, presentándolo a familiares y amistades cercanas, obtuvo comentarios y fue modificando el sistema en el camino hasta que estaba un poco más preparado para abrir la página al público general. El negocio lleva poco tiempo y ha seguido evolucionando. Su filosofía de negocios es "no tienes que saberlo todo ni ser perfecto para emprender tu negocio". Tremenda lección que he aprendido de mi amigo Alex Ochart y de muchos otros emprendedores. Debes mojarte primero los pies en el agua para saber si está fría o caliente, pero tienes que tirarte para poder llegar al otro lado del río.

Consejos para ahorrar dinero y minimizar tu riesgo

Comparto algunas tácticas que me han sido muy útiles.

1. **Establece una oficina virtual**. Las oficinas virtuales ofrecen la ventaja de que el negocio funcione desde cualquier lugar utilizando computadoras, teléfonos celulares, servicio de Internet y programas de acceso remoto. Además, minimizan los altos costos de rentas de oficina y facilitan la contratación de empleados desde cualquier región geográfica.

2. **Identifica si tu tipo de negocio puede operar desde el hogar**. La mayoría de estos negocios en los que el emprendedor sale a proveer el servicio fuera de la casa como, por ejemplo, los servicios profesionales de consultoría se pueden operar desde el hogar. Algunos negocios —por ejemplo, los centros de cuido de niños— podrían ser permitidos en el hogar dependiendo de los reglamentos de zonificación de la residencia.

3. **Identifica las tareas que podrías completar tú mismo** al principio, en lo que el negocio crece y puede sufragar los gastos de contratación de empleados o servicios externos. Por ejemplo, registros de contabilidad, artes gráficas y servicios administrativos. Es importante evaluar si el tiempo que te consumirá hacer esas tareas causarán conflicto con las tareas de ventas y negociación que son el corazón del negocio. En ocasiones, es conveniente subcontratar algunos servicios.

4. Si tu negocio es de ventas, **evalúa la posibilidad de obtener mercancía a consignación y ofrecer servicios a comisión** para minimizar los costos de mantener un inventario.

5. **Identifica de qué puedes prescindir.** Al comienzo del negocio es posible que tengas que hacer pequeños sacrificios hasta que el negocio alcance una etapa de madurez tales como limitar algunos lujos personales: restaurantes, pasatiempos costosos o cualquier otro hábito que contribuya a mantener unos cuantos dólares extras en tu bolsillo o, mejor aún, en tu cuenta de reserva.

6. **Adopta una filosofía de menos papel.** Utiliza los archivos de la computadora para almacenar documentos, invierte en un escáner y en un disco duro externo para hacer *backup*. Envía tus facturas y otros documentos por correo electrónico y te ahorras el costo del sello postal. Imprime los documentos solamente cuando sea necesario. Utiliza los servicios en línea para radicar documentos gubernamentales tales como los impuestos.

7. **Evalúa qué servicios puedes subcontratar.** Uno de los gastos mayores en los negocios es el gasto de nómina por lo que esta alternativa puede economizarte dinero.

8. **Desarrolla una red de contactos** y nútrela constantemente de personas talentosas que tengan más experiencia y peritaje que tú. Crea alianzas con otros negocios que puedan complementar y apoyar tu negocio.

9. **Opta por equipos que usen la energía eficientemente** para ayudarte a disminuir costos; por ejemplo, que usen la tecnología solar, el gas propano o cualquier otro que ofrezca estos beneficios.

¿Es viable la idea?

La viabilidad es un estudio o serie de análisis que se le realizan a una idea, concepto o proyecto para evaluar si conviene realizarse y si cuenta con los recursos adecuados para realizarse. Dentro de las pruebas de viabilidad se destacan las pruebas al concepto y las operaciones, las pruebas del mercado y las pruebas financieras.

Para contestar las preguntas en cada fase se recomienda realizar una investigación de fuentes primarias y fuentes secundarias. Las fuentes primarias son las que se hacen por medio de encuestas, sondeos y entrevistas. Para que la investigación sea exitosa es sumamente importante que el investigador tenga muy claras las preguntas que usará para investigar, así como cuál es la población que desea entrevistar.

Para realizar la encuesta, se escoge una muestra que represente la población. Hay distintos métodos estadísticos para calcular la muestra y existen profesionales que se dedican a realizar estos estudios de viabilidad; el costo de sus servicios comienza usualmente en $1,500.00. Aunque el escenario ideal es poder contratar un profesional que ayude con el desarrollo de estos estudios; de no poder costearlo, es preferible tener algún tipo de información a no tener ninguna.

Las fuentes secundarias se componen de información ya publicada. Pueden ser libros, estudios anteriores, revistas especializadas y periódicos. En la Internet tenemos a nuestra disposición bibliotecas, revistas y toda la información que puedas imaginarte ¡con solo unos clics!

En el *Apéndice A* te presento una guía de preguntas en cada una de las áreas de viabilidad que pueden servirte de norte para realizar tu propia investigación. Se recomienda comenzar la investigación por las fuentes secundarias y luego corroborar la información con fuentes primarias. De no existir información secundaria, se realiza un estudio de campo o de fuentes primarias.

Ya tienes estas herramientas:

- Cómo reconocer las mejores oportunidades para emprender
- Cómo identificar la mejor idea de negocio para ti
- Técnicas para maximizar tu creatividad
- Cómo escoger el mejor modelo de negocio
- Cómo desarrollar ideas innovadoras de negocio
- Cómo desarrollar una idea de negocio para que logre generar dinero
- Cómo minimizar tu riesgo y ahorrar dinero
- Cómo saber si la idea de negocio es viable

Ejercicio 1: Una idea para emprender

¿Qué te apasiona? _____

¿En qué eres bueno? _____

¿Qué tema encuentras más interesante? _____

¿Cuál es tu mayor habilidad?_____

¿En qué puedes ser el mejor?_____

Escoge una de las cosas que escribiste en las preguntas anteriores y piensa en una idea de negocio basado en tus intereses.

_____

_____

Ejercicio 2: Activa la máquina de ideas

¿Qué ideas de negocio podrías desarrollar tomando como base las siguientes oportunidades?

_____

¿Qué modelo de negocio escogerías? _____

¿Qué servicios necesita tu comunidad? Ej.: recreación
Escribe una idea y el modelo de negocio.

_____

¿Qué procesos o servicios se pueden mejorar en las compañías en las que has trabajado anteriormente? Ej.: adiestramientos

_____

¿En qué eres bueno? ¿Cuáles son tus talentos? Ej.: redactar

¿Qué no se le ha ocurrido a nadie?
Ej.: hacerlo de manera virtual, más rápido o convertirlo en un evento

---

¿Qué problemas puedes resolver con tecnología? Ej.: informar, educar

---

¿Qué puedes revender? ¿Qué se necesita? Ej: productos virtuales

---

¿Qué negocio existente harías diferente? Ej.: supermercado virtual

---

¿Qué están haciendo en otros lugares y en Internet? Ej.: servicios de consultoría

---

Ejercicio 3: Convierte buenas ideas en negocios potenciales para generar dinero

¿Quieres un reto? Dirígete al *Apéndice A: Pruebas de Viabilidad*, escoge una de las nuevas ideas de negocio y comienza a contestar las preguntas de la guía. Puedes realizar este análisis con todas las ideas que quieras. Es posible que tengas que realizar alguna investigación en Internet o preguntar a expertos del tema para contestar alguna de ellas. Ese es el proceso normal. Si no tienes todas las contestaciones a las preguntas, siempre puedes regresar a ellas cuantas veces sea necesario hasta completar las mismas. Al completarlo, tendrás una idea de negocio desarrollada. ¡Éxito!

FASE 4

Planifica para la buena cosecha

Los números y el manejo del dinero: El dinero es energía

Me gusta hablar de números en vez de contabilidad y finanzas por varias razones. Lo primero es que los emprendedores no tienen que ser expertos contadores ni gurús financieros para ser exitosos en sus negocios. Muchísimo menos tienen que tener grados universitarios en estas áreas. La contabilidad y las finanzas en sí son profesiones. Muchos de estos profesionales también son excelentes emprendedores, otros no necesariamente, pero tampoco tienen que serlo. Es importante que el emprendedor obtenga unos conocimientos conceptuales en temas financieros de modo que le sirvan de herramienta para tomar decisiones de negocios y manejar el dinero de la manera más efectiva posible. En muchos casos, los profesionales en contabilidad y finanzas son los encargados de asesorar a los emprendedores para que se logre esta importante función en sus negocios.

Los emprendedores no tienen que ser expertos contadores ni gurús financieros para ser exitosos en sus negocios.

El propósito de este tema no es darte una clase de contabilidad y finanzas —aunque recomiendo que tomes algún curso corto como parte de tu formación empresarial— sino ofrecer unas herramientas para una mejor experiencia práctica con el tema del dinero y cómo manejarlo.

Cuando decidí trabajar por cuenta propia, también comencé a manejar de manera distinta el aspecto del dinero en mi vida. El dinero nunca ha sido motivo de preocupación para mí, no porque me sobre, sino porque nunca me ha faltado para cumplir con mis compromisos, a Dios doy gracias. Pero más que eso, aunque entiendo que el dinero es importante, obtener grandes cantidades de él no ha sido una de las prioridades principales en mi vida. O por lo menos, eso creía.

Hace aproximadamente cinco años, mi esposo también emprendió su propio negocio en la industria musical, lo que implicó que debíamos manejar todo nuestro dinero como emprendedores y no como empleados. A pesar de haber aconsejado a tantos negocios en el tema financiero con muchísimo éxito, hacerlo para nosotros mismos resultó ser un proceso de grandes retos y de mucho aprendizaje. La disciplina, ser constante y la capacidad de motivarnos a nosotros mismos fueron más determinantes en nuestros resultados que los ingresos, gastos y demás términos de contabilidad.

¿Recuerdas el proceso empresarial que te presenté en la Fase 2 ? El conocimiento técnico y administrativo es importante, pero no está completo sin el aspecto empresarial. Recuerda que tus actitudes, hábitos y acciones determinan tu éxito.

Uno de los autores de este tema que más me agrada es David Bach, quien en su libro *Smart Couples Finish Rich* (Las parejas inteligentes acaban ricas) dice "No es lo que sabes acerca del dinero, sino lo que no sabes lo que puede sacarte de carrera". ¿Qué no sabía yo sobre el dinero? No sabía el rol que tiene el dinero en mi vida. Me di cuenta de que no deseo el dinero para pagar mis deudas, lo que verdaderamente deseo es la libertad y la felicidad que me brinda el no tener deudas. ¿Qué valor tiene el dinero para ti?

Para algunas personas el tema del dinero puede ser un tabú. Ser ambicioso es casi un pecado pues se supone que seas humilde. La humildad es una cualidad no es una situación económica. Conozco personas humildes sin dinero y otras también humildes con mucho dinero. El llegar a esa conclusión es como decir que la electricidad es mala porque te puede electrocutar; sin embargo, la electricidad nos da luz para leer, nos permite ver la televisión y muchas otras cosas muy buenas. Piensa que el dinero puede ser muy bueno. Mucho bien puede

Recuerda que tus actitudes, hábitos y acciones determinan tu éxito.

hacerse con él como alimentar a millones de familias, vestir los niños del mundo y educar a muchas naciones; la lista es infinita. Para darme la oportunidad de emprender, tuve que cambiar mi manera de pensar sobre el dinero. Es imposible que pueda ayudar a las personas del mundo si no tengo los recursos para lograrlo. Recuerda comenzar pequeño pero jamás dejes de soñar en grande.

La mayoría de las personas que deciden emprender un negocio lo hacen con la idea de generar dinero que le permita alcanzar la libertad, ya sea de tiempo, financiera o del jefe, lo que sea para no sentirse esclavizado. De repente, se encuentran en su empresa trabajando largas horas, sin jefe, sin tiempo y en una lucha constante para ganar cada dólar. En otras palabras, terminan esclavizados. ¿Qué ha sucedido? Encontré un maravilloso libro titulado *Prosperidad Verdadera* de Yehuda Berg, que expone que el dinero es energía. Este concepto rompió todos los esquemas que jamás hubiera escuchado del tema y comencé a explorarlo.

Si visualizas el dinero como energía entonces podrás reconocer su poder transformador.

El término energía se deriva de la palabra en griego *energeia* que significa actividad u operación o 'energos' que significa fuerza de acción o fuerza trabajando. Otras definiciones que se le atribuyen a la palabra energía son: capacidad para obrar, transformar o poner en movimiento. Si comenzamos entonces a visualizar el dinero como tal (energía) podemos entonces reconocer su poder transformador y las obras positivas que podríamos lograr con él.

Que el dinero trabaje para ti, en vez de tú trabajar por él.

Los emprendedores tienen la responsabilidad de generar dinero para ellos mismos y para otras personas. Es de la única manera que pueden estimular la economía y lograr que el dinero trabaje para ellos. Nos acostumbramos a luchar solos y tenemos miedo de perder; eso nos lleva a estrangularnos antes de soltar, delegar y compartir. ¿Cómo lograr el propósito de estimular la economía? Estableciendo un sistema. El afamado autor de *Padre Rico, Padre Pobre*, Robert Kiyosaki, se ha dado a conocer precisamente a través de su filosofía de la creación de sistemas de negocios para alcanzar riqueza.

¿Cuál ha sido el secreto de las franquicias? ¿Por qué estos negocios logran expandirse con tanta facilidad? ¿Es la hamburguesa de McDonald's la más deliciosa del mundo? Me atrevo a decir que no. Su éxito está atado a que lograron desarrollar un sistema. Ese es uno de los ejemplos que Kiyosaki presenta. Sin embargo, no quiere decir que hay que ser franquicia, aunque es una alternativa de negocio que puedes considerar. Podrías obtener una franquicia ya establecida o convertir tu concepto en una franquicia. Te adelanto que antes de considerar la segunda opción será necesario operar exitosamente durante, por lo menos, tres años.

Las franquicias están basadas en un sistema: un conjunto de elementos, pueden ser órganos, ideas, principios, partes o procesos que trabajan juntos para cumplir una función. Imagina una fórmula mágica o una máquina maravillosa que, al colocarle ciertos elementos por un lado, ella los procesa y sale por el otro lado, automáticamente un producto terminado.

El proceso se crea una sola vez, pero es capaz de producir el mismo producto varias veces, lo multiplica. Para crear el sistema, es necesario planificarlo y diseñarlo primero. Luego se construye y después pasa por un proceso de prueba hasta que el producto final sea el esperado.

Desarrollar un sistema puede tomar algún tiempo, y es posible que antes de estar listo para delegar, tengas que comenzar solo. Tal vez necesites aprender y desarrollar ciertos hábitos antes de lograrlo efectivamente. Dentro de la visión empresarial es necesario incluir la meta de que el dinero trabaje para ti. Los negocios son como los seres vivientes: nacen, crecen y se multiplican. Queda de ti criarlos, cuidarlos y ayudarlos en el proceso de crecimiento. Los próximos temas te darán las herramientas que necesitas para comenzar a desarrollar un sistema para que tu negocio sea exitoso.

El Manejo del Dinero

El manejo del dinero puede ser una tarea muy fascinante para algunas personas y muy intimidante para otras. Para los amantes de los números es un reto y una aventura; los que no los disfrutan, lo pueden percibir como una pesadilla con complicadas fórmulas y acertijos muy difíciles de descifrar. Cualquiera que sea tu actitud hacia el tema, la realidad es que los números nos ayudan a comprender de una manera sencilla y lógica conceptos que de otra forma nuestra mente no podría comprender.

Aconsejo a mis estudiantes a que visualicen esta importante tarea de manejar el dinero como una manera para organizarse en vez de verla como una complicada materia matemática. Todo en la vida se basa en decisiones y opciones, así que depende de ti el convertir cualquier tarea en tu aliada o tu enemiga.

Depende de ti el convertir cualquier tarea en tu aliada o tu enemiga.

El propósito de manejar el dinero efectivamente es facilitar y aclarar nuestras ideas para tomar decisiones de negocio acertadas y a tiempo. En la sección *¿Qué es un emprendedor?* mencioné que los emprendedores de éxito toman riesgos, pero calculados. Pues en el proceso de *EmprendeSer*, el manejo apropiado del dinero es tu paracaídas y amortiguará el aterrizaje. Algunos se lanzarán desde más alto, otros serán menos arriesgados y lo harán a una distancia menor. Pero todos deben llevar un paracaídas y lanzarse.

El proceso de manejar el dinero debe comenzar por entender la manera en que fluye el dinero. El dinero fluye de dos maneras básicas. La primera es el flujo del dinero que entra y la segunda es el flujo del dinero que sale. Tan sencillo como eso. ¿Cuáles son las reglas del juego? Mantener la balanza del dinero que entra más baja o pesada y la balanza del dinero que sale más alta o liviana.

Para aumentar las entradas de dinero, hay que invertir en salidas de dinero. Es como crear un estanque. ¿Por qué se estanca el agua? Porque no tiene por donde fluir o salir. Pues lo mismo ocurre con las empresas. Si entra demasiada agua y no tiene una salida o canalización adecuada, de todos modos se pierde porque se desborda. Por otro lado, si el agua sale muy rápido, también se pierde porque se vacía el estanque. Entonces es necesario aprender a manejar las entradas de dinero para mantenerlo en su cauce y canalizar adecuadamente las salidas de dinero de modo que sea aprovechado y no desperdiciado.

¿Cómo entra el dinero a una empresa? Una manera es como resultado de la venta de productos o servicios. A las ventas también se les llama ingreso. Antes de generar ese ingreso es posible que hayas tenido que incurrir en una salida de dinero, ya sea porque compraste inventario para revender o invertiste en materiales, tiempo y mano de obra para producir los bienes para vender. En el caso de los servicios de consultoría que ofrezco tal vez no tengo que invertir en inventario o en mano de obra; sin embargo, tengo que invertir en educación, preparación de materiales y gasolina para proveer el servicio. Para que entre dinero, tiene que salir dinero.

Se recomienda mantener un sistema donde se registre cada una de las transacciones realizadas y deben estar clasificadas como entradas o salidas de dinero. Por ejemplo, una venta y un cobro son transacciones que se registran como entradas de dinero. Por otro lado, cuando realizas un pago o un gasto estás desembolsando dinero; por lo tanto, estas transacciones deben registrarse como salidas de dinero.

Existen en el mercado infinidad de programas computadorizados o software que ayudan a registrar, clasificar y organizar cada una de las transacciones realizadas. Algunos de ellos son Peachtree, Quicken, Money y Quickbooks. Ahora bien, estos programas no son mágicos y el éxito de ellos depende de varios factores tales como saberlos usar y disciplinarnos para entrar la información diariamente.

Antes de comprar cualquiera de estos programas, toma en cuenta estos consejos:

* Decide quién o quiénes serán las personas responsables de manejar el programa y entrar información al sistema. En negocios pequeños o familiares es muy probable que alguno de los dueños sea el responsable de esta tarea. En otros negocios, algún empleado o familiar será el encargado. Esta persona debe conocer el programa y tener la base de contabilidad para interpretar, clasificar y manejar correctamente la información en el programa.

* El mejor sistema de contabilidad es el que sea más fácil de entender y manejar para el emprendedor. Si no conoces el programa o los conceptos de contabilidad busca la manera de aprenderlos. Tal vez el manual de instrucciones del programa sea suficiente, quizás necesites tomar un curso corto de educación continuada. Es preferible llevar un sistema de contabilidad manual bien llevado que un sistema computadorizado mal procesado. No escatimes en contratar un experto que pueda ayudarte en el proceso. Te aseguro que será un dinero bien invertido. Después de todo, el fin es tomar decisiones certeras en los negocios y aumentar la columna de entradas.

* Disciplínate y crea una rutina diaria para el manejo del dinero del negocio. Preferiblemente, entra la información en el mismo momento en que sucede la transacción. Si no eres una persona

disciplinada en tus finanzas personales tampoco lo serás en tu empresa. Una manera de comenzar a crear el hábito es organizando tu presupuesto personal.

* Los imprevistos suceden diariamente en los negocios. Nunca dejes las transacciones de hoy para procesarlas mañana y así sucesivamente. Si te descuidas, pronto tendrás un mes o dos de transacciones sin entrar al sistema y entonces necesitarás cerrar el negocio varios días para ponerte al día. Peor aún, llega la época de impuestos y tienes que paralizar todo para cumplir con esa responsabilidad. Es un estrés que se pudo haber evitado si desde el primer día hubieras tenido disciplina. Hablo por experiencia. No hay refrán más sabio que "No dejes para mañana lo que puedes hacer hoy". Recuerda que las decisiones de dinero deben tomarse a tiempo y la única manera de lograrlo es realizando las tareas a tiempo también.

* Separa la contabilidad personal de la contabilidad del negocio. Lo ideal es tener dos cuentas bancarias: una cuenta personal y otra cuenta a nombre del negocio. Establece un presupuesto personal, asígnate un sueldo y acostúmbrate a pagarte todos los meses o quincenas (como lo decidas) en la misma fecha y la misma cantidad. Sepárate psicológicamente del negocio, piensa que trabajas como empleado para tu negocio. El negocio es quien te paga, no tú. Esa estrategia siempre me ha funcionado muy bien.

* La responsabilidad del manejo de dinero en las empresas es del emprendedor, no del contador. El contador debe ser tu asesor y ofrecerte una serie de recomendaciones, pero el responsable de tomar las decisiones finales en tu negocio eres tú.

❀ Libera tus compromisos personales. En el momento en que decidas convertirte en emprendedor comienza a planificar tu estado financiero personal. Reduce o cancela tus deudas tales como tarjetas de crédito personales, préstamos personales o de mueblerías. Evita incurrir en deudas personales nuevas. Resiste a las presiones sociales y espera que tu empresa genere suficiente efectivo para obtener lujos. Invierte en tu futuro, si no lo has hecho, comienza a aportar a una cuenta de retiro para que puedas disfrutar de los años en los que no seas tan productivo físicamente. Crea hoy el futuro que deseas vivir.

Mercadeo: El arte de compartir

Cuando hablo sobre el tema de mercadeo, suelo preguntar a mis estudiantes cuál es su percepción del tema. La mayoría describe el concepto de mercadeo como sinónimo de ventas, publicidad o anuncios. Todos están correctos; sin embargo, no es lo único que incluye y más adelante verás porqué.

La Agencia Federal para el Desarrollo de la Pequeña Empresa define el mercadeo como "todas las actividades y estrategias que se realizan para hacer accesible a los clientes productos y servicios al mismo tiempo que se generan ganancias para los negocios que los ofrecen". De ahí es que sale el concepto de que las ventas, la publicidad y los anuncios están incluidos dentro de las actividades de mercadeo.

El mercadeo también ha sido definido como "un arte y una ciencia para satisfacer las necesidades y deseos de los clientes". El mercadeo incluye actividades tales como diseñar productos y servicios, investigar los mercados, asignar precios, identificar los clientes, promocionar los productos, establecer programas de ventas, distribuir los productos y monitorear las ganancias.

¿Recuerdas la siguiente fórmula para generar ganancia o dinero?

[Ingresos] - [Gastos Operacionales] = Ingreso Neto

El mercadeo, a pesar de que se registra como un gasto operacional en los estados financieros de la empresa, es el responsable de generar ingreso o ventas en el negocio.

¿Cómo se logra?

Si el ingreso es el resultado de la venta de los productos y servicios, ¿quién compra los productos y servicios? Los compra la gente. Los negocios se hacen para la gente. Si estableces una tienda de accesorios para mascotas, los productos vendidos son para uso de las mascotas, pero el cliente que paga por ellos es una persona. Tan sencillo como eso. En la medida en que entiendas que los negocios se tratan de trabajar con la gente, entonces comprendes que la efectividad del mercadeo depende de las relaciones que desarrolles con la gente.

¿Qué tiene la gente? La gente tiene necesidades y deseos. ¿Qué tienen las empresas? Las empresas tienen productos y servicios para satisfacer esas necesidades y deseos de la gente. Por lo tanto, el mercadeo efectivo no es otra cosa que escuchar y complacer al cliente.

Cuando ves la conexión entre empresa-cliente como una relación puedes visualizar el mercadeo efectivo como el arte de compartir. Compartir es una acción bilateral. Por un lado, las empresas comparten su conocimiento y, a cambio, el cliente comparte su dinero porque desea la información. Otras empresas comparten su habilidad de fabricar ropa y el cliente comparte su dinero porque necesita vestirse. Es un trueque entre valores, así comenzó todo y así continúa siendo.

El mercadeo ofrece productos y servicios que son de beneficio para los clientes. Te comprometes a estar con ellos mano a mano en el proceso. Estableces relaciones a largo plazo y creas servicios y productos adicionales para satisfacer sus necesidades y deseos. Tienes que estar dispuesto a crecer con tus clientes, a cambiar con ellos, a darles lo que están pidiendo y a crear nuevas soluciones con ellos en mente.

Como en toda relación, todo comienza por ti mismo. Si has leído libros de relaciones de pareja, has aprendido que para conseguir el amor primero tienes que estar bien contigo mismo, luego estarás listo para recibirlo. En los negocios es igual. Debes desarrollar tus estrategias internas y prepararte para entonces dar lo mejor a tus clientes.

La manera más efectiva para desarrollar tus estrategias y prepararte para comenzar a mercadear tu empresa es planificando tu éxito. El plan de mercadeo te permite conocer tus clientes, ofrecerles lo que ellos desean, comunicarte efectivamente con ellos y mantener relaciones saludables y duraderas. Recuerda que los emprendedores toman riesgos calculados. Tienes que acostumbrarte a observar antes de lanzarte de modo que puedas identificar cualquier cambio de ruta que facilite alcanzar las metas.

El plan de mercadeo en cinco pasos

Paso 1: Define el mercado. Identifica tu cliente ideal.
Paso 2: Organiza la base de clientes en orden de prioridad.
Paso 3: Toma decisiones cruciales en el área de mercadeo.
Paso 4: Implementa la campaña de ventas y mercadeo.
Paso 5: Monitorea los clientes.

Paso 1: Define el mercado. Identifica tu cliente ideal.

El mercado son las personas que vamos a servir, nuestros clientes. Luego que definas el mercado, recomiendo que comiences a desarrollar una base de clientes. Una base de clientes efectiva puede ser un activo muy importante para tu empresa. Como cuestión de hecho, existen compañías que se dedican única y exclusivamente a la venta de estas listas. Algunas logran venderlas por cientos y hasta por miles de dólares dependiendo de la calidad de la información y relevancia para el comprador.

Una manera de comenzar a construir esta lista es a través de tu página Web. Desarrolla estrategias para que todo visitante que entre a tu página se registre con su nombre y una dirección de correo electrónico.

Para definir tu mercado debes clasificarlo por características claves de manera que puedas identificarlo y comunicarte con los clientes fácilmente. Esta clasificación de clientes se conoce en mercadeo como *segmentación*.

A continuación, presentaré algunas categorías en las que puedes segmentar tus clientes. Para ilustrar el proceso, utilizaré de manera hipotética cómo podría mercadear este libro, *EmprendeSer*.

Geografía (país, pueblo, ciudad, zona)
El enfoque será el mercado de Puerto Rico con potencial de exportación al mercado hispano en los Estados Unidos.

Demografía (edad, género, orientación sexual, ciclo de vida familiar, tamaño familiar, ingresos, profesión, nivel de educación, estatus socioeconómico, religión o nacionalidad)
El enfoque será en el mercado de los lectores que leen en español. He identificado un potencial de mercado para el libro en los sectores de profesionales que necesitan emprender sus prácticas privadas, por ejemplo, ingenieros, médicos, arquitectos, educadores y estudiantes, además del sector de personas desempleadas.

Psicográficamente (personalidad, estilo de vida, valores y actitudes)
El libro EmprendeSer se dirigirá a personas emprendedoras o que deseen conocer cómo emprender, que tengan deseos de superación, que deseen lanzarse, hacer un cambio en su vida y vivir su sueño a través del empresarismo.

Luego de identificar quiénes son tus clientes debes estimar el tamaño del mercado y su potencial de generar dinero en dólares. Esta tarea se logra a través de la información y los datos estadísticos. La Internet ofrece la ventaja de poder hacer una búsqueda en línea de distintas fuentes; bibliotecas, revistas, estudios y publicaciones gubernamentales, entre otros recursos. Para esto puedes utilizar buscadores en línea tales como *Google, Yahoo* y *Altavista*.

Por ejemplo, al realizar mi búsqueda en Internet encontré que según datos de *Bowker*, una empresa dedicada a la información bibliográfica, al año se venden aproximadamente $400 a $450 millones de dólares en libros en español en los Estados Unidos. Esta información ofrece una idea clara del tamaño del mercado de libros en español.

Lo último en este paso es reconocer que no estás solo. Tienes que estudiar la competencia. ¿Cómo? Algunas tácticas incluyen convertirte en cliente secreto, visita su página de Internet, compra sus productos o pruébalos para que obtengas de primera fuente la experiencia de los clientes. Conócelos, siempre que sea posible desarrolla una buena relación con ellos. Tener competencia no significa tener enemigos, sino un reto para servir mejor a los clientes, ser creativo y ofrecer productos, servicios y conceptos innovadores.

Paso 2: Organiza la base de clientes en orden de prioridad.

En el paso anterior pude identificar todos los posibles segmentos a los que puedo dirigir mi libro y la lista es mucho más extensa. ¿A quién debo dirigir la mayoría de los esfuerzos y con qué enfoque? Para saberlo, debo completar estos pasos:

1. Estimar la demanda y el consumo de los productos y servicios.
2. Identificar los cambios existentes en el ambiente.

Esta información identifica los grupos que tienen el mayor potencial de crecimiento, lo que representa una oportunidad para el negocio. Por ejemplo, la siguiente información fue importante al momento de decidir el tipo de formato, tema e idioma escogido para escribir este libro.

- *Las categorías de libros que han crecido más en los Estados Unidos han sido educación y negocios; las que se han reducido son viajes y ficción.*
- *Para el año 2025, se calcula que la cifra de hispanoparlantes en los Estados Unidos alcanzará los 50 millones.*
- *Según el* International Digital Publishing Forum, *la tecnología ha causado un crecimiento en las ventas de libros electrónicos. Cada vez más personas reciben información a través de los medios portátiles como Kindle, iPod, las computadoras portátiles y los teléfonos celulares, lo que facilita el acceso a libros electrónicos.*

Paso 3: Toma decisiones cruciales en el área de mercadeo.

Es importante que obtengas y analices información, pero recuerda que el propósito principal es que te sirva de luz en la toma de decisiones. Recuerda que no tienes que obtener toda la información antes de comenzar; tampoco debes tomar decisiones a ciegas. ¿Qué decisiones importantes de mercadeo debes tomar? Una de las más importantes es desarrollar tu propuesta única de venta. ¿Por qué te comprarán a ti y no a la competencia? Para contestar esta pregunta debes conocer todas las ventajas que tienen tus productos y asegurarte de que esas ventajas están a tono con las necesidades y los deseos de tus clientes.

Es importante que desarrolles una imagen. ¿Cómo quieres que los clientes te visualicen? ¿Deseas una imagen profesional o una más casual? ¿Deseas tener una imagen de lujo? Los colores, el logotipo, tu página Web, los materiales promocionales, tu local, tus empleados, todo en tu negocio debe proyectar la misma imagen.

Recuerdo un cliente que estableció un restaurante cerca de una universidad. Antes de abrir el negocio, el cliente había realizado un estudio de mercado que le confirmó la necesidad de establecer un lugar donde los estudiantes, profesores y demás visitantes del área pudieran obtener un buen almuerzo a precios módicos.

El restaurante ofrecía muy buena comida y tenía disponibles ofertas de almuerzo muy atractivas y al alcance del bolsillo de los estudiantes. El emprendedor se dio a la tarea de promocionar sus ofertas a través de anuncios en las ventanas del negocio y repartiendo hojas promocionales en el área. Pero no obtuvo la acogida esperada. Recuerdo que visité el lugar y rápidamente pude notar que su problema era de imagen. El lugar carecía de iluminación adecuada, la música no era juvenil, los colores del negocio eran muy oscuros con cortinas y manteles en tela color vino, que proyectaban una imagen más formal. Al preguntarles a varias personas del área, nos indicaron que percibían el lugar como uno de precios altos y poco atractivo.

Un pequeño cambio de imagen fue suficiente para lograr llamar la atención de los estudiantes y atraerlos hacia el negocio: se cambió la iluminación, se puso música juvenil y una decoración con colores brillantes.

Paso 4: Implementa la campaña de ventas y mercadeo.

Las ventas son el acto de persuadir o influenciar a los clientes para que compren los productos y servicios; el mercadeo es una serie de actividades que apoyan los esfuerzos de ventas y las estimula significativamente.

Es importante determinar y distribuir adecuadamente los recursos con los que cuentas para realizar los esfuerzos de ventas y mercadeo. Lo recomendable es asignar un presupuesto de mercadeo para este propósito. También podemos implementar tácticas muy económicas y hasta gratis para lograr comunicarnos efectivamente con nuestros clientes.

Para implementar una campaña efectiva de ventas y mercadeo se debe comenzar por el producto mismo. El producto es una de las variables de mercadeo. Tomando como ejemplo este libro, el producto incluye no solo la calidad del contenido, sino su diseño, incluida la portada. El producto debe ser atractivo y relevante para que el mercado objeto se interese por obtenerlo.

Otro elemento importante de mercadeo es el precio. Esta variable está determinada tanto por los costos de producción como por el mercado. En el caso del libro, incluye edición, diseño gráfico, impresión y protección legal además del precio en el mercado que los clientes están dispuestos a pagar por libros similares.

La distribución es la variable de mercadeo que determina la manera en que los clientes obtendrán los productos y servicios de la empresa. El libro físico puede distribuirse en las librerías, tiendas por departamento y en las escuelas, por mencionar algunos. Dependiendo del tamaño de la tienda podría requerir los servicios de un distribuidor independiente. Otra alternativa podría ser la distribución directa en los talleres y seminarios que ofrezco y por medio de otros consultores que deseen utilizarlo.

Según las tendencias del mercado, se podría distribuir en línea ya sea a través de una librería en línea o en formato electrónico a través de mi página de Internet y páginas afiliadas.

¿Cómo logras comunicarte con los clientes? Por medio de la variable de mercadeo llamada *promoción*. Dentro de esta variable se encuentran los siguientes esfuerzos:

1. Relaciones públicas. Acciones para construir buenas relaciones con los distintos públicos de la empresa (clientes, empleados, accionistas, comunidad y gobierno). Otras actividades pueden ser entrevistas y reportajes en los medios de comunicación, auspicio de eventos y campañas de responsabilidad social.
2. Publicidad pagada. Pagar por espacio o anuncios comerciales en los distintos medios de comunicación tales como radio, TV y prensa.

3. Promociones de venta. Esfuerzos realizados con el propósito de estimular la venta a corto plazo. La mayoría de las veces tiene una fecha de expiración. Concursos, ofertas y descuentos son algunos ejemplos.

4. Mercadeo directo. Pieza publicitaria que se distribuye directamente a una audiencia específica. Puede enviarse por correo regular o por correo electrónico. Los mensajes pueden ser personalizados y su éxito depende de la calidad del mensaje y la lista de clientes potenciales a quienes se les envíe.

5. Mercadeo electrónico. La Internet nos permite utilizar herramientas promocionales gratuitas.Las redes sociales como *Facebook, My Space, Twitter* y *YouTube* permiten la comunicación constante con los miembros a través de foros de discusión, clubes de fanáticos y mensajes personalizados. La ventaja de esta herramienta es que puedes controlar la información que deseas publicar y segmentar los miembros de la comunidad para maximizar la comunicación. También puedes establecer tu propia red social. Aprovecha esta nueva tecnología para educar a tus clientes y desarrollar lealtad hacia tus productos y servicios.

¿Cómo podrías lograr que cientos o miles de personas conozcan sobre tu empresa con muy poco esfuerzo? Con la publicidad de boca a boca y con la tecnología, ya no tienes que esperar a que los clientes te visiten. Crea artículos, boletines y vídeos que sean interesantes para que las personas deseen compartirlas y envíalos a tu lista de correos electrónicos. Este proceso es muy efectivo y se conoce como mercadeo viral. Uno de los más recientes vídeos de mercadeo viral que recibí fue el de los bebés patinadores, *Evian Roller Babies*. Recibí ese vídeo más de 10 veces y los encontré tan adorables que lo envié a todos mis contactos. La imaginación es el límite. Puede ser un chiste, una frase, lo importante es que sea bueno de manera que el que lo reciba desee compartirlo con otros. En mi página, www.anitapaniagua.com, encontrarás más información sobre el mercadeo en Internet.

Paso 5: Monitorea los clientes.

Si logras planificar y realizar tu plan de mercadeo efectivamente, lograrás emprender exitosamente; pero, necesitas monitorear y dar seguimiento a tu plan de mercadeo. Recuerda que vivimos una época de cambios muy acelerados y los emprendedores van cambiando sus metas según cambien las circunstancias.

¿Quiénes son tus mejores clientes? ¿Quiénes te pagan a tiempo? ¿Quiénes compran con mayor frecuencia? ¿Quiénes te compran más de un producto? ¿Cuántos nuevos clientes obtuviste gracias a los referidos de esos clientes? Al monitorear tu plan de mercadeo, estarás fortaleciendo tu negocio.

Acostúmbrate a eliminar los nombres de tu lista de clientes según sea necesario. Es posible que algunos se hayan mudado, hayan cambiado su dirección electrónica o teléfono.

Tuve una estudiante que recibió una tarjeta de cumpleaños para su padre. La tarjeta era una promoción para un descuento en servicios dentales. Ella se sintió molesta porque su padre había fallecido cinco años antes. Fue una situación difícil para la clienta que pudo haberse evitado, si el dentista se hubiera tomado la molestia de verificar el estatus de sus clientes. Claro, éste es un caso trágico, pero lo importante es que debes mantener tu lista de clientes actualizada y así evitas perder contacto con tus clientes.

El monitoreo también ayuda a identificar las tendencias en el mercado para determinar posibles necesidades. Tu propósito es continuar creando nuevas oportunidades y alimentar tu lista de posibles clientes.

En la página 117, encontrarás ejercicios relacionados con el Plan de Mercadeo.

El secreto para crear clientes leales

¿Qué es un cliente? Un cliente es una persona que te ha comprado por lo menos una vez. Los estudios revelan que si aumentas la retención de tus clientes actuales a un 5%, esos clientes te producen un aumento potencial de 25% en las ganancias del negocio anualmente. ¿Cómo puedes retener la mayor cantidad de clientes? Desarrollándolo desde que es un cliente potencial hasta que nos compra y nos recomienda a otras personas.

Imagina que ese cliente, que te compró una vez, te compra más de una vez y luego le agradan tanto tus productos y servicios que te recomienda a otros clientes. Esto es lo que significa desarrollar un cliente o crear un cliente leal. El secreto para convertir los clientes en clientes leales es:

- Conocer y entender tus clientes actuales.
- ¿Cómo puedes obtener más información sobre tus clientes?
- ¿Qué clientes han contribuido a tu éxito en el pasado?
- ¿Qué clientes usan más tus productos y servicios?
- ¿Qué clientes tienen el mejor historial de pago? A ellos, como agradecimiento, les puedes abrir una cuenta de crédito.
- ¿Qué clientes tienen mayor probabilidad de continuar como tus clientes y contribuir a tu éxito a largo plazo?
- Desarrolla la relación con tus clientes existentes.
- ¿Cuál sería el potencial de crecimiento en ganancias, si desarrollaras las relaciones con tus clientes actuales?
- ¿Deberías ofrecerles incentivos adicionales de compra a tus mejores clientes?
- ¿Qué clientes podrían ser candidatos para otros productos o servicios que ofreces?

El Plan de Negocio:
Tu pensamiento crea tu realidad

Si visitas una institución financiera con el propósito de conseguir fondos para emprender un negocio, uno de los requisitos que te solicitará será un Plan de Negocio.

¿Por qué? El Plan de Negocio es un documento escrito donde se presenta la manera en que un negocio logrará cumplir con las metas y los objetivos establecidos. Algunas personas lo comparan con un mapa que indica el camino correcto a seguir para lograr el éxito.

El Plan de Negocio es un resumen de un extenso estudio de las oportunidades encontradas y cómo la gerencia logrará capitalizarlas. El propósito del banco es asegurarse de que el emprendedor ha tomado en consideración todos los riesgos posibles y ha desarrollado las estrategias necesarias para minimizarlos de modo que el negocio logre demostrar la capacidad de operar satisfactoriamente, pagar el préstamo y generar ganancia.

Haz un compromiso contigo mismo sobre la importancia y la seriedad de tu propósito. ¿Cuál debe ser el propósito del emprendedor con relación al Plan de Negocio? Materializar su sueño. Al realizar tu Plan estás escribiendo hoy el éxito de mañana. Si te enfocas en que "tu pensamiento crea tu realidad", verás que esa es la mejor manera de hacer un compromiso contigo mismo sobre la importancia y la seriedad de tu propósito y animarte a llevarla a la acción. El Plan de Negocio será tu guía, pero no tu camisa de fuerza. El Plan irá evolucionando con tu negocio y te ayudará a visualizar y crear tu éxito a corto y a largo plazo.

Se recomienda revisar el Plan de Negocio por lo menos una vez al año. Cada año se deben evaluar las metas cumplidas, reestructurar las que no se cumplieron y planificar las metas futuras a tono con los cambios, las tendencias y las oportunidades del momento.

En el *Apéndice B* encontrarás un esquema de toda la información que necesitarás para dar forma a tu Plan de Negocio. Si sigues los consejos y pasos discutidos en este libro habrás completado gran parte de los requisitos para *EmprendeSer* exitosamente tu negocio y tu sueño.

 Ya tienes estas herramientas:

- El verdadero valor del dinero
- Cómo hacer que el dinero trabaje para ti, no tu por él
- La importancia del buen manejo del dinero
- Consideraciones a la hora de escoger un sistema de manejo de dinero
- Mercadeo como herramienta para compartir
- Los cinco pasos para realizar el mercadeo

Recuerda que también puedes visitar mi página en la Internet: www.anitapaniagua.com donde encontrarás otras herramientas que te facilitarán el proceso.

Recoge los frutos de

EmprendeSer

Reflexión final

Llegas a este mundo de la misma manera en que te vas, con las manos vacías. Todo lo que tienes, sea mucho o poco, es un regalo de Dios. Tal vez piensas que es tuyo y que te lo mereces por todo el esfuerzo y sacrificio que has pasado para obtenerlo. Pero, ¿sabes qué? Sí, te lo mereces, pero ¿será verdaderamente tuyo? Piensa por un momento: ¿cuántas de tus posesiones podrías perder en cualquier momento? Eso que podrías perder en cualquier momento tal vez no sea tuyo.

Mi propósito no es desalentarte ni darte una cátedra. Mi propósito es hacer un llamado a tu conciencia de que hay una responsabilidad de ser buen administrador de todo lo que tienes y de la importancia de compartir. Si no lo estás haciendo ya, busca alguna causa de tu preferencia, donde desees aportar tu dinero y dona por lo menos un 10% de tus ganancias, de tus talentos o de tu tiempo. Puede ser un hogar de huérfanos, una iglesia, una institución para las personas sin hogar o cualquiera otra que dicte tu corazón. Eso sí, recomiendo que escojas una que se dedique a cambiar la vida de alguna persona positivamente.

Con solo un 10% de tu dinero puedes hacer una gran diferencia.

Si no deseas donar a una institución existente, puedes crear una. Abre un fondo de becas de estudio en tu comunidad o apadrina una escuela; en fin, con solo un 10% de tu dinero puedes hacer una gran diferencia. No es casualidad que los millonarios más importantes del mundo siguen esta ley universal.

Desde muy temprano en la vida, aprendí que no podrás obtener nada auténticamente si no estás dispuesto a darlo primero. Si deseas dinero, tienes que dar dinero, si deseas amor, tienes que dar amor, si quieres tiempo, tienes que dar de tu tiempo. Es una ley de vida y siempre funciona pero debe ser desinteresadamente, sin esperar nada a cambio.

Me siento muy afortunada de rodearme de personas extremadamente especiales que entienden y viven este concepto a cabalidad y que de una manera genuina han creído en este proyecto y han dado muchísimo más de un 10% de su energía, tiempo, talento e inspiración para que *EmprendeSer* llegue hoy a tus manos. A todos ustedes, que muy bien saben quienes son, ¡gracias y bendiciones! Sin ustedes, este libro jamás se hubiera publicado.

Y a ti, lector, te deseo el mejor de los éxitos, prepárate lo mejor que te sea posible para *EmprendeSer* y procura impactar al mundo con tu prosperidad.

Acerca de la autora

Anita Paniagua nació en San Juan, Puerto Rico. Es consultora, emprendedora y profesora. Obtuvo su bachillerato en Administración de Empresas en la Universidad de Connecticut y su maestría en Mercadeo en la Universidad de Phoenix. Comenzó su carrera de consultoría en los programas de desarrollo de la Administración Federal de Pequeños Negocios. Está certificada como consultora de negocios, instructora en línea y consultora gerencial. Por más de 10 años ha sido profesora en la Universidad de Puerto Rico del programa empresarial de la Facultad de Administración de Empresas y en la División de Educación Continua y Estudios Profesionales. Dicta cursos de mercadeo a nivel graduado en la Universidad de Phoenix a estudiantes de Estados Unidos, Latinoamérica y el Caribe por medio de la Internet. Autora y coordinadora de la secuencia curricular de 120 horas en 5 módulos instruccionales titulado: *Certificado Profesional de mprendedores de Negocio: Cómo iniciarlo desde la idea hasta su establecimiento.*

Como empresaria, fundó la firma de consultoría que lleva su nombre y ofrece servicios especializados en empresarismo a instituciones educativas y a emprendedores. Diseñó el programa de talleres vivenciales ¡*Lánzate y Emprende!* y ofrece consultoría en línea a través de su página de Internet. Es socia y cofundadora de la firma de producción musical comercial, *Arrakis Productions*, que sirve principalmente al mercado hispano de los Estados Unidos y a Puerto Rico. Es invitada y consultada frecuentemente como experta en temas de empresarismo por la prensa, radio y la televisión. A finales del 2009, produjo para la emisora radial de Puerto Rico WOSO 1030 AM las cápsulas empresariales *Business Talk* con el propósito de llevar a los medios de comunicación su mensaje empresarial. En el 2010 obtuvo un premio con el negocio *Soundiversal.com* en la prestigiosa competencia de planes de negocio *EnterPRize Award*. Si deseas contactarla visita **www.anitapaniagua.com**.

Apéndices

1] Prueba de Concepto

¿Qué tiene la idea que la hace innovadora?

¿Qué tiene nuevo?

¿Cómo lo hace mejor?

¿Cómo lo hace diferente?

¿Quién más la puede usar?

¿De qué otra manera se puede distribuir?

¿Cuál es su sistema de negocio?

¿Quién es la competencia? Recuerda que no eres el único.

¿Puede protegerse la idea con una patente?

¿Por qué es mejor que las comparables?

2] Prueba de Mercado

¿Cuál es el mercado para este producto?

¿Cuáles son los principales grupos de mercado objetivo?

¿Cuál es su tamaño en dólares?

¿Por qué el cliente te comprará a ti y no a la competencia?

¿Cómo podría un competidor copiar tus ventajas?

3] Prueba Operacional

¿Cuál es el proceso para lograr producir o distribuir los productos y servicios?

¿Cuál es el equipo necesario para operar el negocio?

¿Cuáles son los requisitos legales necesarios para comenzar a operar?

¿Qué necesidad de infraestructura tienes para poder operar?

¿Cuáles son la disponibilidad y los requisitos de recursos humanos necesarios para realizar la idea?

4] Prueba Financiera

¿Cómo ganará dinero?

¿Quién pagará por los productos y servicios?

¿Cuál es la inversión inicial?

¿Cuáles son los gastos operacionales?

¿Cómo se genera beneficio económico o ganancia?

¿Cómo obtendrá capital operacional?

Para concluir que una idea de negocio es viable, cada una de las cuatro pruebas de viabilidad debe tener hallazgos positivos.

Descripción de Propósito

    A. ¿Cuál es tu propósito al escribir el Plan de Negocio? Ej.: conseguir financiamiento.

    B. ¿Qué negocio presentarás? Ej.: productos y servicios que se ofrecerán, objetivos del negocio.

    C. ¿Quién presenta el Plan de Negocio? Escribe una breve descripción del dueño o de los dueños del negocio y las metas empresariales.

    D. Si necesitas el Plan para lograr un financiamiento:

        i. Especifica la cantidad de dinero a solicitar, tasa de interés y términos de pago.

        ii. Desglosa por partidas el uso que le darás al dinero. Ej.: equipo, inventario, mejoras, permisos y reservas de dinero.

        iii. Indica la cantidad y el modo de las aportaciones que, como dueño, harás al negocio.

Descripción del Negocio

    A. ¿En qué consiste el negocio? ¿Es nuevo, comprado o establecido?

    B. Describe el concepto y tipo de negocio. Ej.: servicio, al detal, manufactura o combinación

    C. ¿En qué fecha se estableció o se establecerá?

    D. ¿Qué productos o servicios se ofrecerán?

    E. ¿Cuál es su estructura legal? Ej.: negocio individual, sociedad o corporación.

F. ¿Quién o quiénes son los dueños? Ofrece datos sobre tu experiencia y conocimiento en el tipo de negocio.

G. ¿Dónde está o estará establecido el negocio?
Incluye información breve de la localización, dirección y ventajas del local.

H. ¿Cuáles son el horario y los días en los que ofrecerá servicio?

I. ¿A qué clientela le sirve o servirá? Define y resume según el análisis del mercado realizado.

J. ¿Quién es la competencia?
   i. Define y resume según el análisis de competencia realizado.
   ii. Incluye un resumen de retos y oportunidades, ventajas y desventajas a enfrentar.
   iii. Identifica la ventaja competitiva, las necesidades de la clientela y las acciones para superar los retos.

Análisis del Mercado

A. ¿Cuál es la condición del mercado y la industria?
Busca información sobre:
   i. Fuerzas políticas
   ii. Fuerzas legales y reglamentarias
   iii. Fuerzas sociales
   iv. Fuerzas tecnológicas
   v. Fuerzas de comportamiento de los consumidores

B. ¿Quiénes son mis clientes?
  i. Consumidor general
     1. Geografía: por pueblos, países y sectores
     2. Demografía: sexo, edad, ingreso, educación, tamaño familiar, religión, nacionalidad, raza
     3. Psicografía: estilos de vida, clase social, personalidad
     4. Comportamiento: ocasión de compra, beneficios, actitud o lealtad del producto
  ii. Cliente industrial, segméntalos por:
     1. Demografía: industria, tamaño, localización
     2. Operación: necesidades tecnológicas, usos
     3. Estilo de compra: centralizada, por relación, por marca, políticas de compra, precio, servicio, calidad
     4. Situación: urgencia, emergencia, especialización, tamaño de la orden
     5. Personalidad: compatibilidad, en riesgo, leales
C. ¿Cómo se comportan tus clientes?
   Busca información sobre:
   i. ¿A qué precio compran?
   ii. ¿Qué productos compran?
   iii. ¿Cuánto gastan en una compra promedio?
   iv. ¿Qué métodos de pago usan? Efectivo, tarjetas, ATH
   ix. ¿Cómo compran? Efectivo, a crédito, en ocasiones, por impulso

D. ¿Cuál es el tamaño de mi mercado en dólares? Busca datos de:
    i. Censo
    ii. Industria
    iii. Tendencias
E. ¿Qué debes considerar al localizar tu negocio?
    i. Acceso
    ii. Estacionamiento
    iii. Cumplir con los reglamentos de zonificación
    iv. Verificar términos de contratación

Análisis de la Competencia

A. ¿Quiénes son tus competidores?
    Clasifica por nombre o categoría:
    i. ¿Suplen la misma necesidad?
    ii. Tipos de productos y servicios
    iii. Liderazgo en la industria
    iv. Economías informales
B. ¿Cómo compites con ellos?
    i. Realiza análisis SWOT
        Strengths - fortalezas
        Weaknesses - debilidades
        Opportunities - oportunidades
        Threats - amenazas
    ii. Productos y servicios
    iii. Precio
    iv. Distribución
    v. Promoción

C. Estrategias de Mercadeo de acuerdo con el análisis de mercado y competencia:
   i. ¿Qué productos y servicios desean tus clientes?
   ii. ¿Qué precio están dispuestos a pagar?
   iii. ¿Dónde y cómo se distribuirán los productos y servicios con más efectividad?
   iv. ¿Cómo te comunicarás con tus clientes?
      1. Venta personal: empleados, intermediarios
      2. Promociones de venta: descuentos, obsequios, concursos
      3. Relaciones públicas: reportajes, auspicios, donativos, entrevistas, servicio comunitario
      4. Medios publicitarios: locales y masivos
      5. Internet: página *Web, blogs, e-Commerce, YouTube, Facebook, MySpace, Twitter*
   v. ¿Cuánto te cuesta comunicarte con tus clientes?
      i. Establece presupuesto de mercadeo

Administración, Gerencia y Recursos Humanos

A. ¿Quiénes son los dueños del negocio?
   ¿Y quiénes administrarán el negocio?
B. ¿Qué funciones tendrán los dueños en el negocio?
   ¿Y cuáles los administradores?
C. ¿Qué experiencias, adiestramientos y habilidades aportan a la mejor administración del negocio?
D. ¿Cuál será la remuneración económica de los dueños y administradores?

E. ¿Cuántos empleados se necesitarán, en qué puestos y cuáles serán sus salarios?

F. ¿Qué recursos adicionales o servicios profesionales serán contratados y cuáles son sus honorarios?: contadores, abogados, ingenieros, consultores...

Análisis Financiero

Prepara los siguientes informes financieros.

  A. Fuentes y uso de fondos

    i. Haz una lista de las partidas que se necesitan para operar el negocio. Ej.: equipo, inventario, mejoras, permisos, capital de reserva

    ii. Busca cotizaciones y estimados de cada una de las partidas anteriores e inclúyelas como anejos al Plan de Negocio

    iii. Haz una lista de activos que serán aportados al negocio

    iv. Estima el costo actual de los activos aportados

  B. Proyección del estado de Ingresos y Gastos

    i. Haz una lista de todos los gastos operacionales del negocio (incluye intereses de préstamos y depreciación de activos)

    ii. Proyecta los ingresos que se generarán por concepto de las ventas de productos y servicios en el negocio.

      1. Costo por unidad

      2. Precio por unidad

      3. Capacidad de producción

      4. Toma en cuenta las fluctuaciones y tendencias del mercado y la competencia

    iii. Determina ganancias o pérdidas del negocio restando los gastos operacionales proyectados del total de ingresos proyectados.

[*ingresos totales*] - [*gastos operacionales*] = *ganancia/pérdida*

    iv. Incluye notas explicativas donde expongas los supuestos utilizados para proyectar las partidas incluidas en el ejercicio iii.

  C. Proyección de flujo de efectivo

    i. Determina todas las fuentes de efectivo disponibles

      1. Ingresos en efectivo

      2. Aportaciones en efectivo

      3. Préstamos

      4. Incentivos

    ii. Haz una lista de todos los desembolsos de dinero en efectivo que se realizarán con el efectivo disponible, incluye:

      1. Pagos de préstamo

      2. Retiros del dueño (en negocio DBA)

      3. Compras

      4. Inversiones

    iii. Determina el flujo de efectivo (*cash flow*) disponible restando los desembolsos realizados de las fuentes de efectivo disponibles.

[fuente de efectivo] - [desembolso] = *cash flow*

D. Incluye otros documentos de apoyo:
   i.   Registro de comerciante
   ii. Número de identificación patronal
   iii. Certificado de incorporación (si aplica)
   iv. Patente municipal
   v.   Permiso de uso
   vi. Cotizaciones y estimados
   vii. Resumés de dueños y empleados
   viii. Escrituras
   ix. Otros documentos, según sean necesarios

C. Referencias

Libros

Bach, D. (2001). *Smart couples finish rich*. New York: Broadway Books.

Berg, Y. (2007). *Prosperidad verdadera*. New York: Kabbalah Publishing.

Byrne, R. (2006). *The Secret*. New York: Atria Books.

CNBC (Producer). *The Big Idea*. [TV Program]. Englewood Cliffs, NJ: CNBC.

Dowling, G. (2004). *The art and science of marketing: Marketing for marketing managers*. New York: Oxford University Press.

Hamilton Coplin, L. C. (2009) *Negocios que han hecho historia en Puerto Rico* San Juan, PR: Publicaciones Puertorriqueñas.

Maldonado Brignoni, M. (2003). *ABC para padres: Tesoro para la vida*. San Juan, PR: Colecciones ABC.

Maxwell, J.C. (1996). *Desarrolle el líder que está en usted*. Nashville, TN: Editorial Caribe.

Sarasvathy, S. (2008). *Effectuation: Elements of entrepreneurial expertise*. Massachusetts: Edward Elgar Publising Inc.

Schweitzer, T. (2007, January 18). *Not Only the Lonely Become Entrepreneurs. Inc.* Newsletter.

Suárez Marín, N. (2008). *Los imails de Jacinta*. San Juan, PR: EMS Editores

Timmons, J. A. (1995). *New venture creation: Entrepreneurship in the 21st century* (4th ed.). New York: McGraw Hill.

Wachovski, L. (Director). (1999). *The Matrix*. Burbank, CA: Warner Brothers Entertainment Inc.

Páginas Web

Asociación Nacional de Universidades
y Empleadores
www.naceweb.org

It's all about sales. The web's resource
for sales leaders.
www.justsell.com

Agencia Federal para el Desarrollo
de la Pequeña Empresa
www.sba.gov

Anita Paniagua
www.anitapaniagua.com

Global Entrepreneurship Monitor
http://www.gemconsortium.org/

International Digital Publishing Forum
http://www.idpf.org/

Bowker
http://www.bowker.com/

Emprendedor y negociante animado, Walt Disney.
(s.f.). Recuperado el 25 de junio de 2010 de
http://emprendedoresexitosos.com/emprendedor-
y-negociante-animado-walt-disney.html.

Emprendedor:
Referido a una persona que tiene iniciativa y decisión para emprender acciones que entrañan dificultad o que resultan arriesgadas; una persona que comienza un negocio o es dueño de un negocio.

EmprendeSer:
Palabra compuesta de las palabras emprender (comenzar una obra, negocio, aventura; lanzarse) y ser (vida, existencia, cualquier cosa creada, consistir, ser la causa de lo que se expresa). *EmprendeSer* es una nueva conciencia de despertar ese emprendedor que está dentro de cada ser como una nueva creación. Significa: primero, reconocer al emprendedor que está en ti, para entonces, ser la causa desarrollando de manera proactiva ese potencial interior al beneficio de la humanidad.

Empresario:
Propietario o directivo de una empresa, de una industria o de un negocio.

Empresarismo:
Una manera de pensar y actuar que es obsesiva ante las oportunidades, holística en su enfoque y balanceada en liderazgo; un proceso de aprendizaje en el que la persona debe estar dispuesta a nutrirse de otros, rodearse de mentores, buscar información, confiar en su intuición y, sobre todo, perseverar.

Mercado:
Personas a las que se les dirige o destina un producto, servicio o campaña publicitaria.

Prospectar:
Buscar e identificar clientes calificados; determinar quiénes son y confirmar que tienen una necesidad y un interés inicial por nuestros productos o servicios.

Psicográfico:
Combinación de psicológico y demográfico, por ejemplo, factores de personalidad, estilo de vida, valores y actitudes.

Responsabilidad social:
Contribución activa y voluntaria al mejoramiento social, económico y ambiental por parte de las empresas, generalmente con el objetivo de mejorar su situación competitiva y valorativa y su valor añadido.

Viabilidad de una idea de negocio:
Estudio o serie de análisis que evalúa la conveniencia de llevar a cabo una idea o proyecto demostrando que se cuenta con los recursos adecuados para lograrlo.